たった1年で人生が劇的に変わるポータルサイトビジネス

～誰でもできる不労所得の作り方～

ポータルサイト・
ビジネスプロモーター
深井良祐

合同フォレスト

はじめに

「ネットビジネス」という言葉を聞いたとき、どのようなことを思い浮かべるでしょうか。もし、「何だか怪しそう」「人をだますビジネスではないのか」と思ったのであれば、あなたのイメージは間違っていません。

残念ながら、現在、世の中に出回っているほとんどのネットビジネスは価値のない情報商材をはじめとした、人をだます怪しいビジネスが主流だからです。

では、そうした人をだますビジネスではなく、ユーザーさんから毎日のように感謝メールが届き、関わる人全員が幸せになるようなネットビジネスは存在しないのでしょうか。

ビジネスをするのであれば、人から感謝されなければ意味がありません。人から感謝されながら、さらにはお金を稼ぐことで自分も幸せになれる。これこそが、真のビジネスだといえます。

本書で詳しく紹介しますが、ポータルサイトビジネス（ウェブサイト運営によるネットビジネス）は完全なる不労所得を構築できるビジネスです。要は、一度仕組みを作ってしまえば、あとは何もしなくても勝手にお金が舞い込んでくるようになります。不動産の賃貸と同様、月々、一定の収益を生み出してくれるのです。

しかも、非常に利益率が高いです。不動産賃貸と違って高額な借り入れ（銀行からの借金）や月々のメンテナンスが必要ないため、「売上≒利益」です。ポータルサイトビジネスでは、利益率95パーセント以上が普通です。初期投資もほぼ必要なく、毎月５００円程度（サーバー費用など）という、小学生の小遣い程度の費用でビジネスを始めることができます。

初期投資がほぼ不要で、ほとんど手間がかからず、利益率が異常に高く、さらには人から感謝される。こんなことをいうと、いいことずくめの話に聞こえます。ただ、当然ながらデメリットもあります。それは、「成果が出るまで時間がかかる」ということです。少なくとも、1年間はほとんど成果が出ません。

このようにいうと、「1年も努力が必要なのは長い」と思い、始めようともしないで諦める人が大勢います。しかし、よく考えてみてください。1年の努力は本当に長いでしょうか？

たとえば、全国の高校生は志望大学に受かるために何をするでしょうか。高校3年間、必死で努力するわけです。特に高校3年生ともなると、毎日何時間も勉強するのは当たり前です。本当に志望校に受かるかどうか分からない中で必死に勉強するのです。また、甲子園を目指す球児はどうでしょうか。彼らの場合、３年間どころか、小学校の頃から毎日何時間も必死で練習をしています。

大学受験やスポーツなら努力するのが当たり前だと認識しているのに、これがビジネスとなると、なぜかほとんどの人が努力の重要さを認識できなくなります。

ビジネスで成果を出すにも、継続して努力することが必要なのはいうまでもありません。ポータルサイトビジネスは、たった1年の努力で、それ以降の人生が劇的に変わります。片手間でうまくいくビジネスはこの世に存在しませんが、正しい方法で努力をすれば誰でも報われます。

私は自分のサイトを運営する他、ポータルサイトビジネスの正しい手法を教えています。受講者は建築・教育・恋愛・営業・ダイエット・美容など分野は多岐にわたりますが、自分のポータルサイトを運営して、成功しています。その成功者の中には、引きこもりのニートもいれば、10年以上も仕事から遠ざかっている主婦もいました。初めは知識やスキルがなくても、1年間、ポータルサイトの運営をしていくことで成果を出すことができます。

サラリーマンの方で、たとえ副業禁止の企業にいても問題ありません。顔出し・名前出しが不要なので、問題なく始められます。実際、私の受講生には副業禁止のサラリーマンがたくさんいます。

ポータルサイトを運営するために必要なことは、①自分の強みをもとに、参入分野を決める、②記事を書く、という2点だけです。

ただ、当然ながら重要な運営ポイントがいくつもあります。本書を通して、それらを確認してください。読み終える頃には、具体的にどのジャンルに参入し、どんなポータルサイトを運営したらいいか、完全に把握できるように解説しています。

あとは、必ず成功することを信じて、1年間記事を書き続けるだけです。

ポータルサイト・ビジネスプロモーター　深井良祐

たった1年で人生が劇的に変わる
ポータルサイトビジネス

もくじ

はじめに

第1章 ネット上に資産をもつと収益が青天井になる

第2章　サイト運営でなぜお金が入るのか

第3章　ネットビジネスでのジャンル選定

第4章 自分の強みを活かしたサイトを構築する

第5章 需要のある、質の高いコンテンツを作成する

第6章 ネットビジネスで収益化する方法とは

第7章 サイト運営で永久に稼ぎ続ける

第1章

ネット上に資産をもつと収益が青天井になる

1 有料級の情報提供がネットビジネスの基本

ポータルサイト構築（ウェブサイト運営）によって不労所得を得るとき、必ず必要となるものがあります。それは、記事（コンテンツ）を書くという行為です。私がクライアント（受講生）にアドバイスするときのセリフは、「記事を書け！」というものだけです。他に言うことはほとんどありません。

自分でも「なんとワンパターンなアドバイスしかしないのだろう」と思っていますが、本当に「記事を書け！」というアドバイスしかしていないのです。

実際、きちんと記事を書き続けた人は１００パーセントの確率で成功しています。つまり、諦めずに記事さえ書き続ければ、どこかの時点で必ず稼げるようになるのです。

では、何でもいいから適当に記事を書けばいいのかというと、当然ながらそういうわけではありません。ポイントは、「今、あなたがもっている情報を全公開する」ということです。全公開というのは、「この情報を見せたらまずい」というような秘匿性の高い情報も含めて全てを公開するという意味です。

たとえば、英語講師が「英語のポータルサイトを構築したい」と考えているのであれば、もっているノウハウを包み隠さず全てウェブ上に公開します。また、ダイエット講師がダイエットサイトを作るのであれば、食事法や運動の注意点も含め、自分が知っているやり方を全て写真付きで無料公開します。

私が何度アドバイスしても、自分がもっている情報を無料で全公開する人は少ないです。しかし、ポータルサイトビジネスではここが肝になります。実際、有料級の情報の全てを無料で全公開している人ほど稼げるようになっています。反対に、ケチな思考に陥って、情報を隠そうとする人ほど稼げていません。

私はビジネス系サイトを運営していますが、私のウェブサイトを隅々まで読んで、そのまま実践すれば、誰でもポータルサイトビジネスで成功できるように全ての情報を公開しています。しかし、私がウェブサイトを立ち上げてから開講した塾では、2年間で合計250人以上の人が受講してくれました（受講料80万円）。また、1回150万円のコンサルティングをしているのですが、毎年30人ほどの方が応募されています。

なぜ、私の講座を受講し、コンサルティングを希望したかを聞いてみたところ、「これだけ素晴らしい情報を無料で提供していたので、信頼できると感じた」とうれしい評価をいただきました。要は、有料級の情報を無料で提供していることに感動して、「ぜひともこの人から学びたい」と考えてくれたのです。

こんな事例を考えてみましょう。なぜ、アイドルはビジネスとして成り立つのでしょうか？　当たり前のことですが、ファンがいるからです。

歌を聴くのであれば、ネット動画やテレビで十分ですが、ファンはそれだけでは満足しません。画面を通して見るだけでは満足できず、ライブに行ったり、握手会に参加したりして現実のアイドルの姿に感動します。そしてファングッズを買い、新曲が発売されれば必ず購入します。

これと同じことがサイト運営でも起こります。有益な情報を提供すると、読者は感動します。「まさに自分が知りたかった情報がここに書かれてある」「こんなにすごい情報を教えてくれるなんて、なんて素晴らしい運営者なのだ」と思わせるのです。

最高の情報を無料で全公開すると、読者から感謝メールが届くようになります。こうして読者をファンにさせれば、そのうちの何人かはあなたの運営するサイト上からサービス（または商品）を購入するようになります。何かを売りつける必要はありません。読者を「ぜひともあなたの商品を購入したい」という状態にするのです。

アイドルファンが喜んでコンサートチケットやグッズを購入するのと同じように、あなたのファンを作れば、感謝されながらお金が生まれるようになります。

2 ビジネスは全て「集客」と「行動」に集約される

それでは、なぜ有料級の情報を無料で全公開するとお金が生まれるのでしょうか？ それは「アクセス」が集まるからです。

そこでまずは、「アクセス」の重要性を理解しましょう。

全てのビジネスに共通することですが、お金が生まれるときには、「集客」と「行動」があります。あらゆるビジネスが、この二つの概念だけで説明できます。

たとえば、飲食店は何をしているのでしょうか？

飲食店は必ず店舗をもっています。しかし、店舗にお客様がいなければ1円もお金は生まれません。そこで、まずは「集客」という行為が必要になります。

ただ、お客様が飲食店に入店しても、店内を見回して、「ちょっと混んでいるので違う店に行こう」と、他の店に行かれてしまっては意味がありません。これでは「集客」まではできたものの、「席に着いて料理を注文してもらう」という「行動」にまで至っていません。

同じようにスーパーでは、店舗にお客様がいるだけではまったくお金になりません。

「野菜や惣菜を買ってもらう」という「行動」をさせることで、ようやくスーパーにお金が落ちるようになるのです。

このようなことを、リアル店舗ではなくサイト上で行い、お金が生まれるようにします。要は、サイト上に多くの人を集めるという「集客」をし、「サイト上の商品を購入する」という「行動」を起こしてもらうのです。

サイトに人を集めるというのが、言い換えれば、「アクセスのある状態」です。では、ポータルサイト運営ではどのようにすれば、アクセスを集めることができるのでしょうか？

それは、有益な記事をたくさん公開することにあります。最低「1年間」という時間は必要ですが、記事を書き続けるだけで、莫大なアクセスが集まるようになります。

アクセスさえ集まれば、あとはサイト上で商品を紹介するだけです。たとえば、転職サイトを運営している人であれば、そこに転職の広告を貼ればいいのです。転職サービスは高額な商品であり、高い報酬が期待できる注目のジャンルです。参考までに、私は薬剤師の転職サイトを運営していますが、1件の登録（一人が転職エージェントのサービスに登録する）につき7万円の報酬が約束されています。

アクセスを集めて、行動させることができればお金が生まれます。ネットビジネスだからといって何か特別なことをしているわけではありません。「集客」と「行動」という、ビジネスで必須となることをウェブ上で実施しているだけです。

3 ウェブサイトを増やすことで収益が積み重なっていく

記事さえ書き続ければアクセスが集まるようになり、結果としてお金を生み出すサイトになります。それはなぜでしょうか？

理由は単純です。一度ウェブサイトを作ったら、まったく更新しなくていいからです。私はいくつものサイトを保有していますが、過去に作ったサイトはほとんど更新しておらず、更新ゼロのサイトが多くあります。たまに更新したとしても年に1～2ページを追加または修正するくらいです。

なぜ、更新ゼロが可能かというと、更新しなくてもアクセス数が減らないからです。有益な情報を無料提供していれば、どれだけ時間が経っても、アクセスが減らないサイトになります。

「今作っているサイト（ポータルサイト）が完成した！」と感じたら、新たなウェブサイトを立ち上げます。これを繰り返してウェブサイトを増やしていけば、結果的に収益が積み上がっていきます。

最初だけは苦労しますが、あとは楽です。

私は非常に面倒くさがりの性格で、ずっと苦労し続けるのは耐えられません。しかし、ポータルサイト構築で大変なのは最初だけで、苦労が続くわけではありません。最初だけ頑張ればいいと考えると、やる気を出して頑張り続けることができます。

世の中には、不労所得とみなされるものがいくつもあります。不動産の賃貸による所得、株式の保有による配当、知的財産の使用料などがその代表ですが、サイト運営からの所得も不労所得に分類されます。

これらの不労所得の中でも、初期投資や維持費を含め、コストがほぼ必要ないビジネスがポータルサイト作成です。「経済的なリスクは取りたくない」「最初は成果がなくてもいいから、コツコツ行動し続ければ、あとは何もしなくても確実に収益を生む仕組みを作りたい」という考えの方には、サイト運営が向いています。

4 変わらない情報だけを記す

しかし、サイトの作り方を間違えると収益が上がりません。ずっと頑張り続けなければアクセス数を確保できないサイトになることがあるのです。

これを避けるため、サイト運営で必ず意識するべきことがあります。それは、「変わらない情報だけを載せる」ということです。「変わらない情報」とは、いつの時代でも変化しない普遍的な内容のことを指します。

たとえば、野球のサイトを構築するとします。このとき、変わらない情報としては、「バッティングの方法」「強靭な肩の作り方」「体幹トレーニングのやり方」などがあります。こうした情報は100年後でも通用します。「バッティングの方法」や「強靭な肩の作り方」などの情報を知りたい人はどの時代でも必ず存在するため、一度これらの記事をウェブ上にアップすれば、ずっとアクセスが集まるようになります。

一方、「選手ごとのデータ」「野球選手と女子アナとの熱愛報道」などは、時間経過とともに変わる情報です。野球チームは選手が入れ替わるため、選手ごとのデータは常に更新する必要があります。また、ある選手と女子アナとの熱愛報道のニュースは、数カ月は新鮮な内容かもしれませんが、1年ほど経過すると新鮮さがなくなり、内容が陳腐化します。「変わらない情報」だけを書くことが安定したアクセスを確保するコツです。

たとえば私は「薬学サイト」を運営し、薬に関する情報発信をしていますが、そこでは薬価に関する情報は絶対に載せないことを原則にしています。日本の場合、2年に一度は必ず薬の値段が変わり、もし「薬学サイト」に薬価を載せるとすると、薬価改定ごとに更新が必要になります。これは大変な作業です。こうした理由から、私の薬学サイトでは薬価を掲載せず、「変わらない情報」だけを載せるようにしています。

基本原則を「変わらない情報」だけを載せるということにすると、サイト構築のときに「絶対に参入してはいけないジャンル」があることが分かります。たとえば、ＷｏｒｄやＥｘｃｅｌに関するサイトがこれに当たります。多くの人が利用しているＷｏｒｄやＥｘｃｅｌですが、機能追加を含め盛んに仕様変更があります。そのため、どれだけＷｏｒｄやＥｘｃｅｌについて有益な情報をサイト上に載せたとしても、仕様変更ごとにその情報が古くなっていきます。内容がコロコロ変わり、常に更新し続ける必要のある分野は、サイトの参入ジャンルには不適当です。

5 なぜブログではなくサイトなのか

では、なぜブログではなくサイトなのでしょうか？　「変わらない情報」だけを載せることを考えると、ブログではなくサイトでなければならない理由が分かると思います。

ブログは、更新順にトップページに記事が表示されるウェブページで、トップページに

図1

サイト形式

ブログ形式

新着記事がズラッと並ぶようになります。それぞれの記事ごとに「記事を作成した日付」が掲載されるため、情報を更新することで「記事を作成した時点の情報」であることをアピールできます。

しかし、この仕組みのためにブログでは、常に記事を更新し続けなければ新着記事がトップページに掲載されず、更新が止まった時点で読者が離れていきます。あなたも、1年以上も更新が止まっているブログを読みたいとは思わないはずです。

一方、サイトでは、新しい記事だけがトップページに表示されるのではなく、どの記事も並列で扱われます。実際、図1のように表示されます。

サイトでは記事作成の日付が掲載されるわけではないために、「変わる情報」を載せていると、読者は「このサイトに書かれてある内容は『古い情報』ばかりだ」と考えてしまい、かえってサイトの信用性が落ちてしまいます。

定期的な更新をしなくてもアクセス数が増えていく仕組みを作るため、「変わらない情報」だけを載せる必要があります。また、完全放置でも問題ない状態にするというのがブログではなくサイトを利用する理由です。

6 ウェブマーケティングではニッチな情報発信が必要

「変わらない情報」だけを載せたサイトで、アクセス数を維持し増加させていくには大量の記事が必要です。

たとえば、私が運営する「ビジネスサイト」では、「ネットビジネスの始め方」「心理学」「マーケティング」など、ネットビジネスを始めるときに必須となる知識を網羅しています。あなたが情報発信する分野でサイトを立ち上げるときも、あらゆるコンテンツを網羅する必要があります。

インターネットが存在する前は、限られた土俵の中で勝負する必要がありました。しかし、インターネットの登場によって、「空間と時間」、「情報量と経費」という障壁が取り去られました。

たとえば、紙の本を作るときはページ数が限られます。無駄にページ数を多くすると、それだけ用紙代や製本代、印刷費用がかかり、価格が高くつきます。雑誌であっても、限られた紙面の中で文字情報を詰め込まなければいけません。

一方、インターネットでは一つのサイトに何百もの記事があっても問題ありません。また、一つの記事が非常に長い文章であっても大丈夫です。書籍や雑誌のような制約がないのです。

こうしたインターネットの性質から、一つのサイトにあらゆる情報を詰め込むことができます。書籍でわざわざ取り扱うことができないようなニッチな事柄であったとしても、サイトであれば情報発信していけるのです。

インターネットはこうした物理的な制約がないことに加え、よりニッチな情報を扱うほどアクセスが集まるという特性があります。あなたも何か情報を探すとき、ほとんどのケースでニッチなキーワードを活用するはずです。

たとえば、出産後に太ってしまい、ダイエットを考える女性でしたら、「ダイエット」と検索することはありません。「ダイエット　産後　痩せる」などのように、いくつものキーワードを組み合わせてニッチな内容を探します。ダイエットの概要を知りたいのではなく、産後ダイエットという、まさに今の自分にとって必要な手法を知りたいのです。

「ダイエット」のように、検索数が多くライバルがたくさんいるキーワードを「ビッグキーワード」といいます。多くの人はビッグキーワードだけに着目しがちですが、インターネットビジネスでは、「ダイエット　産後　痩せる」などのように、検索者の数は少ないけど競合が少ないニッチな記事テーマに着目する必要があります。

よりニッチな情報であればあるほど、ライバルは少なくなるため、記事を更新したときにアクセスが集まりやすくなります。「ビッグキーワード」を攻めてもいいですが、ライバルが多すぎてアクセスが集まりにくいというリスクがあります。

ニッチなキーワードを狙って、たくさんの情報を発信するのがポイントです。

7 トップページは最も重要ではない!?

トップページについてはどのようにすればいいのか、考えてみましょう。

実は、ポータルサイト構築においては、トップページは最もどうでもいいページといってもよいでしょう。トップページへのアクセスは非常に少ないからです。

たとえば、私が運営する「薬学サイト」では、トップページへのアクセス数は全体の2パーセント以下です。「ビジネスサイト」でも、トップページへのアクセス数は全体の3パーセント以下です。

それでは、どこにアクセスが集まっているのかというと、ほとんどがコンテンツ（記事）ページです。

あなたがネット検索して情報を探すとき、検索結果に表示されたページをクリックしても、トップページが表示されたことはほとんどないはずです。多くの場合、コンテンツ（記事）が検索結果に引っかかり、そこから読み進めるようになると思います。

こうしたことからも分かる通り、記事に対してアクセスが集まるのです。アクセスを増やすためには、有益なコンテンツ（記事）をたくさん掲載することが何よりも重要です。10記事くらいのサイトでアクセスが集まることはありません。どれだけ記事数の少ないサイトでも、30記事以上は必要です。そこから50記事、１００記事とコンテンツを増やしていきます。

ただし、同じネットビジネスでも、広告を出す場合はトップページが非常に重要になります。トップページにアクセスを集め、トップページに掲載している商品やサービスを売っていく必要があるからです。広告ではトップページの作り込みが重要になります。

ただ、私が実践している手法では、広告を出すことはありません。広告に頼らなくても、記事によって大量のアクセスを集められるようになるからです。広告費ゼロは、初期投資や維持費を不要にして、高い利益率を実現します。

図２

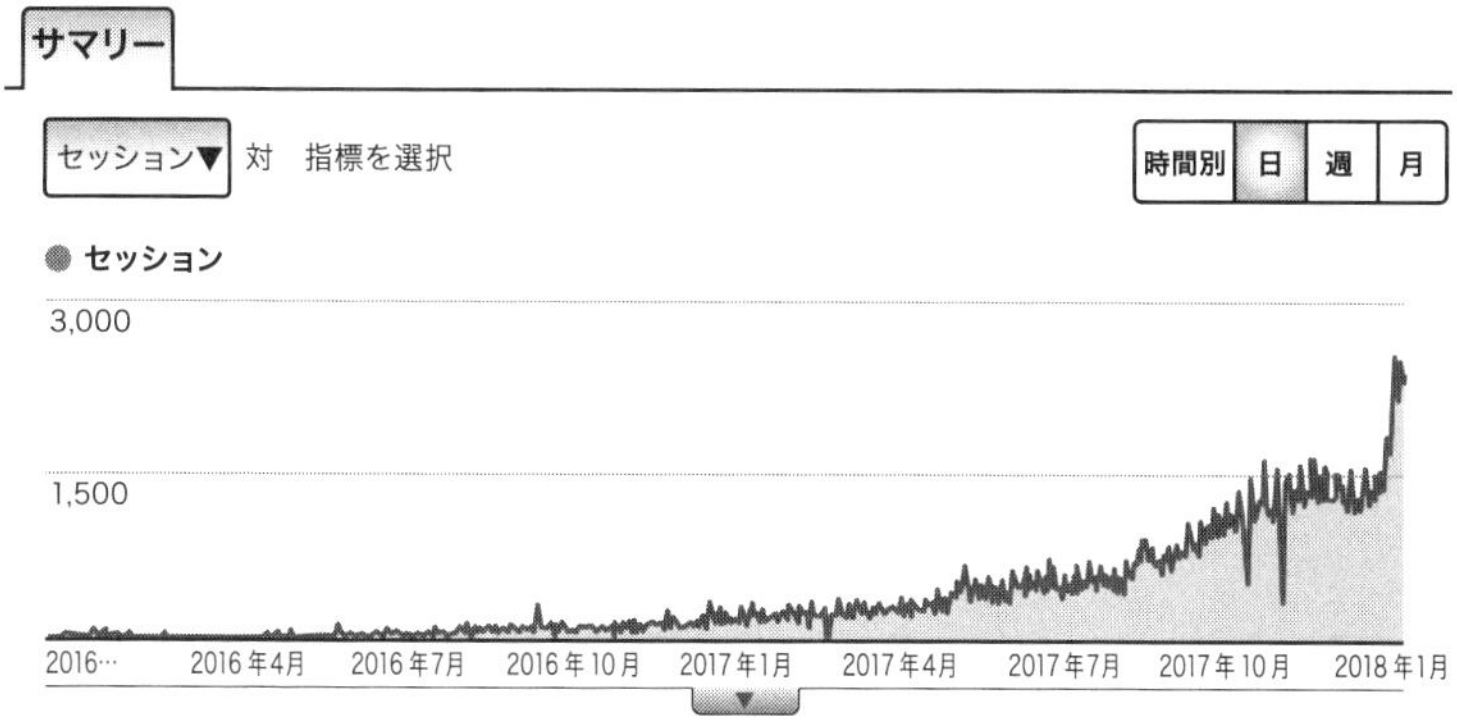

8 実際のアクセス推移を理解する

どのようにアクセス数が伸びていくのか、私が運営しているサイトの実際のデータを紹介しましょう（図２）。サイト運営のアクセス数の推移を知ることは大切です。知らなければ、ほぼ確実に途中で挫折してしまうからです。「いつまで経ってもアクセスが伸びず、まったく成果が出ない」と、諦めてしまってはもったいないです。

図２の「セッション」という言葉がアクセス数だと考えてください。２０１６年１月に作り始めたサイトですが、１年間ずっと更新し続け、２０１７年１月には、１日１３０ほどのアクセスになりました。

１日１００ほどのアクセスがあれば、ビジネスできるレベルのサイトだといえます。これだけアクセスがあれば、月に2～3件ほどサイト上から商品が売れたり、問い合わせが来たりするようになります。つまり、1年でようやくビジネスのスタートラインに立つことができるということです。

そして、さらに記事を書き続けて更新し続けると、2年目には急激にアクセスが伸びるようになりました。2018年1月には、1日2400ほどのアクセスが集まるサイトに成長したのです。

注目すべきは、サイトを作り始めた当初はアクセス数がほぼゼロだということです。これは誰が行ってもこのような結果になります。3カ月や半年ほどで大きな成果を出すのはほぼ不可能なのです。

ところが、多くの人は努力した結果が1年後に表れてくることを知らないため、サイト運営を途中で挫折してしまいます。これは非常にもったいないことです。1年間は成果が出ないものだと考え、将来を信じて記事を書き続けることが大切です。

記事の作成スピードがゆっくりで更新が遅い人は、当然ながら成果が出るまでの時間が長くなります。ただ、諦めさえしなければ、必ずどこかの時点でアクセス数が伸びてうまくいくようになります。

たとえば、私のクライアントに整体師の方がいました。自費治療だけで施術をする整体院を経営していて、非常に繁盛していました。ただ、忙しいので記事の作成スピードはどうしても遅くなりました。

その方は決して諦めずにコツコツと記事を書き続けました。その結果、3年ほどかかりましたが、自身が運営する整体院とは別に、今では月130万円ほどの自動収益を生み出すサイトを完成させました。現在もサイトを更新し続けているため、サイトからの収入は継続して増えています。

ゼロからサイトを立ち上げ、記事を更新し続け、どの時点でアクセスが伸びてくるのかについては正直分かりません。記事の更新速度によって異なりますし、強力なライバルサイトがどれだけ存在するかによっても違ってくるからです。私の場合、半年ほどで収益化できた事例もあれば、1年ほど更新し続けても思ったほどアクセスが増えなかった事例もあります。

ただ、一つだけいえることは、「諦めずに更新を継続すれば、必ずどこかの時点でアクセス数が増えてくる」ということです。

情報発信のビジネスで最もダメなのは、諦めることです。諦めさえしなければ、いつか大きな収益をもたらしてくれます。アクセス数がどのように推移していくのかを理解したうえで、諦めずに情報発信し続けなければいけません。

9 10万円稼げば、100万円稼ぐのは簡単！

初心者の方はよく勘違いするのですが、月10万円の収益から月100万円の収益に伸ばすことは簡単です。それよりも、ゼロの状態から月10万円の収益にするほうが圧倒的にむずかしいです。

ゼロの状態では、当然ながらサイトが存在しません。サイトのコンセプトや売る商品が決まっておらず、方向性も定まっていません。また、記事を更新しても1年間は成果ゼロの状態が続きます。

一方、頑張って記事を書き続け、月10万円を稼げるようになったらどうでしょうか。アクセスを集めるサイト（月10万円稼ぐサイト）がすでにできていますし、売る商品も決まっています。さらに、サイト上に有益な記事を載せているため、まったく更新しなくても時間経過とともにアクセス数は伸び続けます。そのため、極端な話をすれば、完全放置の状態でもアクセスは伸び続け、それに伴って収益が増えていくようになります。そうして、簡単に月100万円を達成できるようになります。

たとえば、先ほどの図2で分かるように、1年間サイト運営をして1日130ほどのアクセスが集まるようになると、そこからさらにサイト運営を続け、2年目には1日2400ほどのアクセスが集まるようになりました。1年目から2年目の間にアクセス数が18倍以上になったわけです。

もちろん、アクセス数が18倍になったからといって、サイトから生み出される収入が18倍になるわけではありませんが、このサイトからの収益は12～13倍ほどに跳ね上がりました。どのサイトでも同じような現象が起こるため、サイトを更新し続ければ、確実に収益が膨れ上がるようになると考えてください。

ゼロから月10万円ほどの実績を生み出すのが最もしんどいです。しかし、そこからあとは意外と簡単です。そして、月100万円の収益に到達したら、あとは同じ方法で二つ目、三つ目と資産サイトを増やしていきましょう。月300万円、月500万円の収益をコンスタントに稼げるようになります。

10 サイト運営は必須だが、ネット集客に不向きの分野がある

「自分にはウェブサイト運営は関係ない話だ」と考える人がいます。こうした人には共通点があります。「自分の業界は口コミだけで仕事が回ってくるから関係ない」と考えて

いるのです。

ただ、本当にそうでしょうか？　話をよく聞くと、固定観念に縛られているだけということが多くあります。

たとえば、建築業界にはサイトをもつことに興味がない人が比較的多いです。私が交流会で話をした住宅建築会社の社長は、「自分は栃木県で住宅工事をしているが、全て口コミだけでビジネスをしている。そもそも、ネット上で何千万円もする家の注文依頼をする人などいない」と言ってきました。

ところが、私のクライアントには、注文住宅のサイトを運営し、３０００万円、５０００万円の住宅建築の受注を全国から月に何十件も受けている人がいます。現実にはネット上で家の注文が来るわけで、自分の固定観念だけで、実際に調べたこともないのに「ネットから家の注文が来るわけがない」と思い込んでいてはいけないのです。

ただし、どのジャンルでも稼げるというわけではありません。サイトビジネスで成功するためには、サイト運営に向いていない分野を見極めなければいけません。ネット集客に不向きなジャンルがあり、その一つが「対象顧客が数人など非常に限られる分野」です。

たとえば、日本で自家用ジェット機をネット上で売るのは非常にむずかしいです。自家用ジェット機を購入するのは、何十億円、何百億円もの資産をもつ超富裕層に限られます。

さらに、日本では規制が厳しいので、さまざまな条件をクリアしてまで自家用ジェットをもちたいという人はいません。このように、ニッチすぎて対象顧客が少なすぎる分野は、ネット集客に向いていません。

また、「大企業や国・地方自治体を対象にした分野」もサイトビジネスに向いていません。大企業や国・地方自治体の受注には、非常に多くの人が関わります。そのため、ネット上から注文が来ることはありません。大企業の社員が1億円のシステム開発をどの会社に依頼するのか決めるとき、「ネット検索して出てきたサイトに注文を依頼しました」と上司に報告すればどうでしょうか。おそらく、上司は激怒するはずです。

何人もの人が関わる、大企業や地方自治体などから注文を取るのは、非常にむずかしいです。規模の大きい組織を相手にした分野は、ネット集客に向いていません。

一方、一般顧客を相手にするのであれば、ネット集客は最適です。たとえば、育毛剤や化粧品、クレジットカード、引っ越し、留学など、個人が利用するサービスは、サイト運営で集客が可能です。

そういう視点で考えると、先ほどの注文住宅は、対象顧客は個人であり、家を建てたい人はたくさんいるので、サイト運営によって集客することができるのです。

また、中小企業を相手にするのも可能です。中小企業は会社組織ですが、決定権を握っているのは社長だけです。多くの場合、社長一人だけを納得させることができればいいため、一般顧客（＝社長という個人）を相手にしているのと同じと考えられます。中小企業向けに、「保険販売」「税務サービスの提供」「売り上げアップのコンサルティング」などを手がけるウェブサイトを構築してもいいでしょう。

ネットビジネスには得意分野とそうでない分野があり、その見極めが重要です。

コラム

アフィリエイトは怪しい？

ネットビジネスには、最も主流な手法として「情報商材アフィリエイト」があります。実は、この「情報商材アフィリエイト」があるがために、どうしてもネットビジネスは怪しい業界だと思われてしまう側面があります。

まず、情報商材とは何でしょうか？　情報商材とは、価値のない情報に対して値段をつけて売りつける手法です。たとえば、ビジネス書の値段は１４００円ほどです。これは適正価格であり、出版社の編集者の手も入っているので、よほどのことがない限り内容は担保されています。

しかし、情報商材では編集者など存在せず、個人が適当にＷｏｒｄなどを用いてテキストを作り、それに対して値段をつけて売ります。たとえば、「ネットビジネスで収益が上がる６つのステップ」というタイトルで内容を書き、ＰＤＦにしたあと、２万円などの金額で売るのです。

この情報商材を２万円で購入すると、「あなたが購入した今回の情報商材を他の人に紹介すれば、紹介料として１万円を差し上げます」ということが書かれているケースがほとんどです。情報商材を紹介することで、紹介料をもらうことを「アフィリエイト」といいます。アフィリエイトは英語で、加入させる、提携させるという意味で、紹介することで加入させ、加入させたことで報酬が払われるのです。この例でいえば、3人を紹介すれば購入費用の2万円が3万円になって戻ってくるという仕組みになっています。

合法ではあるものの情報商材ビジネスは、「ねずみ講」の手法に酷似しています。こうした手法が広まっているため、ネットビジネスは怪しいと思われる一因になっています。

第2章

サイト運営でなぜお金が入るのか

1 読者の悩みを解決するとお金が生まれる

ウェブサイトは無料で閲覧することができます。では、なぜ無料にもかかわらず収益を得ることができるのでしょうか？　これを理解するには、ビジネスの基本を知る必要があります。

ビジネスでお金が生まれるタイミングは、基本的に「人の悩みを解決したとき」です。人にはさまざまな悩みがあります。「ダイエットしたい」「薄毛を何とかしたい」「若さを保ちたい」「モテたい」「金を稼ぎたい」などです。そんな悩みを抱えたとき、人はどうするかというと、検索エンジンにキーワードを入力して調べます。

たとえば、夏前に友人と一緒に海に行くことが決まっている女性であれば、「ダイエット　夏前」と検索するかもしれません。また、若いうちから薄毛に悩む男性であれば、「若ハゲ　育毛剤　おすすめ」と検索するかもしれません。

今の時代、ネットで情報を調べない人はいません。分からないことがあれば、その場で検索して調べるのが普通になっています。

あなたがポータルサイトの情報発信者となり、記事を書き、検索エンジン経由でサイトのコンテンツ（記事）を読者に読ませる側に回れば、収益を得ることができます。先ほどの例であれば、自分のサイトへアクセスを集め、ダイエット商品や育毛剤があなたのサイトから売れればお金が入ってくるようになります。

このとき、記事には2種類あると考えてください。一つ目は「読むだけで問題を解決できる記事」で、二つ目は「読んだあとに行動することで問題を解決できる記事」です。

たとえば、「結婚式のご祝儀の相場はいくらか」「引っ越しであいさつが必要かどうか」などは、読むだけで問題を解決できるコンテンツです。そこで何かお金が動くことはありません。サイト運営をする場合、有益な情報を提供する必要があるので、こうしたお金を生まない記事も含めて情報発信する必要があります。ただし、お金を生まないコンテンツは、読者に感謝されても、1円も収益を生みません。

二つ目の「読んだあとに行動することで問題を解決できる記事」は、たとえば、株の売買に関するサイトです。個人で株を始めるときは、必ず証券会社に申し込まなければいけません。証券会社経由でないと株の取引ができないからです。そこで「実際に株取引を始めるときは、この証券会社に登録してください」とサイト上で案内します。すると、読者には「証券会社に登録する」という行動が発生します。あなたのサイト経由で証券会社に登録されると、あなたは証券会社からお礼（紹介料）としてお金が振り込まれます。参考までに、株の売買に関するサイトを運営して、ネット証券の口座開設をさせると、1件あたり3000円の報酬になります。

他には、便秘を改善する腸内細菌サプリを紹介するために便秘サイトを立ち上げて、サイト内で便秘の解消法とともに、「腸内細菌サプリが便秘に効果的な理由」「腸内環境が便秘に深く関わるのはなぜか」などのような記事を掲載しておきます。そのうえで、サイト上から腸内細菌サプリを注文できるようにします。読者は腸内細菌サプリを買わないと問題解決できず、この場合は注文数に応じて報酬を受け取れます。

ビジネスでお金を生むには「集客」と「行動」の二つに分かれますが、「株式投資の情報発信をする」「便秘解消の情報発信をする」ことが「集客」です。サイト内には、「どの証券会社が優れているのか」「腸内細菌サプリは何がいいのか」などに関する情報を掲載しておきます。そして、「証券会社の口座開設に申し込む」「腸内細菌サプリを購入する」という「行動」を促します。

どのようにして悩みや問題を解決すればいいのかを情報提供して「集客」し、次の「行動」を促します。「集客」と「行動」の二つをサイト上で起こすことで、収益につながるのです。

2 悩みが深い人ほどお金を払ってでも解決策を見つけようとする

悩みの解決策を提供するとはいっても、当然ながら、人はどのような悩みでもお金を払うわけではありません。悩みが浅いと、お金を払いません。悩みの度合いが深ければ深いほど、人はお金を払います。

たとえば、次のキーワードで検索する二人の人間がいたとします。二つを比べると、悩みの度合いはまったく異なるのが分かります。

「ほくろ　気になる」
「ほくろ　美容整形　手術　日程」

「ほくろ　気になる」と検索する読者は、単にほくろが気になっているだけです。化粧でほくろを隠そうとしているだけかもしれません。美容整形に通う可能性は低く、お金を払う読者ではありません。

一方、「ほくろ　美容整形　手術　日程」と検索する読者は、美容整形まで視野に入れており、非常に悩みが深いです。こうした読者は、美容整形外科に予約して、ほくろを取り除くという行動をする可能性が高いです。

つまり、あなたのサイトで収益を上げるのであれば、後者の読者をターゲットにするべきです。サイト上でおすすめの美容整形外科を紹介し、あなたのサイト経由で成約すれば、収益を得ることができます。

たとえば私の場合、高校生の頃から年1回の割合でぎっくり腰を起こすため、腰痛に関する悩みが切実です。運動中にぎっくり腰を起こしたことがあり、その日はすぐに帰ってベッドに寝転がったのですが、次第に症状が重くなり、翌朝、起きようとしても腰を1ミリも動かせないほど悪化していました。腰が動かないのでトイレにも行けません。「私はこのままベッドで糞まみれになって死んでいくのではないか」と本気で考えたほどでした。

そのとき、ベッドの隣に携帯電話を置いていたため、携帯電話でぎっくり腰について調べました。「ぎっくり腰　トイレ　行けない」で検索すると、たまたまぎっくり腰専門の整体師が情報発信しているサイトにたどり着きました。そのサイトでは出張整体を実施していて、患者の家まで通ってくれるといいます。しかも、そのとき私が住んでいた東京は出張整体の営業範囲内でした。

さらに、サイト内には「これまで私はぎっくり腰専門の整体師として活躍しており、トイレに行けないほどの重症患者さんであっても、私が施術することで、その場で立ち上がることができていています」などの言葉が書かれていました。そのため、携帯電話でぎっくり腰について調べ始めた10分後には、その出張整体に電話し、施術を依頼していました。

施術代は3時間半で3万円ほどです。ただ、ぎっくり腰の症状が重すぎて、金額のことなど考えていられませんでした。トイレに行けるようになることのほうが重要でした。施術後は立つことができるまでに回復し、その場でトイレに行って放尿できる喜びをかみしめました。当然、私は喜んで整体師の方にお金を支払ったわけです。

人がお金を払うのは、主に悩みの解決のためです。悩みが深ければ深いほど、お金を支払うようになります。このように考えると、「旅行」「映画」「飲食」などの「快楽系」（楽しさやエンターテインメントを提供するもの）はサイトビジネスの対象になりにくく、「英語を話せるようになりたい」「モテたい」「健康になりたい」などのコンプレックスや「悩み系」は対象になりやすいのです。

実際、お金がないときに真っ先に予算を削るのは何でしょうか？　多くの場合、「旅行するのをやめよう」「飲みに行く回数を減らそう」などと、快楽系の消費を抑えます。しかし、「お金がないから、今飲んでいる薬を飲むのをやめよう」とは思いません。悩みやコンプレックスに関することについては、出費を抑えないのです。こうしたことを考慮したうえでサイトを構築する必要があります。

3 商品を紹介しないサイトは一方通行

サイト運営をする以上、何かしら商品やサービスを紹介しなければ報酬が発生しません。商品やサービスを紹介しなければ、有益な情報を提供するだけで、お金が生まれないことになるため、これでは単なるボランティアになってしまいます。

人によっては、何か商品を紹介してお金をもらうことに対して後ろめたい気持ちになります。しかし、サイト上で商品・サービスを紹介しない人のほうが、むしろ読者のことを考えておらず、独りよがりだといえます。

たとえば、読者が便秘に悩んでいて、検索してサイトに書いてあることを熟読し、「便秘解消には腸内細菌サプリを取るのがいい」ことを認識したとします。このとき、次のステップとして、読者はどの腸内細菌サプリを選んで購入すればいいのか悩むようになります。サイト上におすすめの腸内細菌サプリが紹介されていなかったら、「情報は提供されているものの、どのサプリメントがいいのか分からない。なんて不親切なサイトなのだ」と考え、読者はサイトから離れていきます。

一方、きちんとおすすめの腸内細菌サプリが掲載されていると、「これだけ有益な情報を提供してくれて、さらには自分の悩みに対する解決策まで教えてくれてありがとう」と思って、読者は商品を購入します。

ポータルサイトを構築する以上、有益な情報を提供し、悩みに対する解決策まで提示するべきです。ここまでするからこそ、稼ぎながらも感謝されるわけです。私がぎっくり腰の出張整体を頼み、その場で施術してもらい、感謝しながら3万円を支払ったのと同じ現象が起こるわけです。

もちろん、「情報商材」を売ったりスパム行為（サイトが1ページで構成される、ペラページの量産など）をしたりして稼ぐネットビジネスは、人をだましているので論外です。関わった人全員が得をするのがビジネスの本質です。誰かからお金を奪ったり、他の人を損させたりするのはビジネスではありません。これを理解すれば、サイト運営で稼ぐことでの後ろめたさはなくなります。あなたが有益な情報発信をし、収益を増大させるほど、感謝する人が増えるからです。

ポータルサイト運営では、読者（お客様）は自分の悩みを解決できるので喜びます。あなたのサイト上で何か商品・サービスを紹介して売れれば、紹介した先の企業も売り上げが増えるので喜びます。あなたもお金（紹介料）を手にすることができるので喜びます。

重要なのは、誰も損をしていないという事実です。ビジネスを通じて喜ぶ人を増やすことができると考えれば、サイト上で商品を紹介しないという選択肢はないのです。

4 初心者を相手にするのがビジネスの基本

サイトを構築してビジネスをするとなると、「自分には知識がないし、人に対して何かを教えることなどできない」と考える人が多いです。それでも、まったく問題ありません。ビジネスというのは、初心者を相手にするのが基本だからです。

世の中に存在するビジネスを見渡すと、大多数が初心者を相手にしていることに気がつきます。たとえば学習塾は、勉強が分からない子どもに勉強法を教えることで成り立つビジネスです。保険の営業は、どの保険商品が適切なのか分からない素人に、適切な保険を提案することで成り立つビジネスです。このとき、圧倒的な知識がなければお金を受け取ることができないかというと、そんなことはありません。

たとえば、家庭教師は大学生がやる場合が多いですが、大学生は特別な訓練を受けているわけではありません。勉強を教えることについては素人ですが、少なくとも子どもよりは学習のポイントを理解しています。また、どう教えれば伝わるのかについても分かっています。素人（大学生）ではあっても、勉強に関しては子どもよりも一歩先を行っているため、問題なく勉強を教えてお金を受け取ることができます。

何かビジネスをするとなると、医師や弁護士のように専門的な知識や資格をもっていないといけないように考える人がいますが、実際はそうではありません。他の人よりも一歩先を行っていれば誰でもビジネスは可能なのです。

実際、世の中の会社では、新卒社員に対して少しの社内研修をしただけですぐに現場に出させます。新卒社員はその分野の素人であっても、商品やサービスを提供することでお金を受け取ることができます。これと同じことをすればいいのです。

たとえば、私のクライアントには、「1年半ほど外壁塗装の職人として働いていた人」がいます。1年ちょっとしか社会人経験がなく、特に目立ったスキルや才能はありません。それでも、短いながらも職人経験はあり、少なくとも一般人よりは外壁塗装に関する知識をもっているはずだから、外壁塗装に関するサイトを作ってもらいました。

サイトを更新し続けた結果、今では彼は成功者になっています。彼はベテラン職人のように豊富な知識があったわけではありません。素人よりも少し知識があっただけです。

5 最も簡単なネットビジネスがアフィリエイトになる

では、収益化（マネタイズ）の具体的な方法を見ていきましょう。

ネットビジネスによって収益化する方法は三つしかありません。

①「アフィリエイト」

②「マッチングビジネス」

③「リストマーケティング」

この三つです。厳密には他にもありますが、この三つ以外の方法は労力の割には収益が上がりません。

①のアフィリエイト（他人の商品を紹介し、売れたら報酬をもらうビジネス）は、一般的には負のイメージがあります。第1章のコラムでもふれたように、「情報商材アフィリエイト」などのねずみ講ビジネスが存在したり、ペラページ量産型アフィリエイト（ごみサイトをできるだけたくさん作る手法）が存在したりするからです。

ただ、有益な情報発信をするタイプのネットビジネスであれば、アフィリエイトでも人から感謝されながら収益を上げることができます。

大半の人はビジネスを開始するにしても、自分の商品やサービスをもっていないことがほとんどです。売る商品がない場合はどうすればいいのでしょうか？　これを解決するために、アフィリエイトという手法が存在します。

たとえば、あなたが便秘サイトを構築したとしても、自ら腸内細菌サプリを開発するのは現実的ではありません。腸内細菌サプリはすでに開発されており、その商品を世の中に広めたいと考えている企業はたくさんあります。そこで、あなたの便秘サイトの中でこれらの腸内細菌サプリを販売すればいいのです。

ネットビジネスの中でも、アフィリエイトは最も簡単で単純です。こうした特徴から、誰でも参入することができます。これはアフィリエイトのメリットですが、デメリットでもあります。簡単で単純なため、私を含め強豪ライバルがたくさんアフィリエイトに参入し、巨大なサイトが存在しているのです。もちろん、今から参入することは可能ですが、ライバル数が多いということは、それなりに勉強してサイトを作り込む必要があります。

アフィリエイトを始めるに当たっては、ＡＳＰ（アフィリエイト・サービス・プロバイダー）と呼ばれる広告代理店に登録する必要があります。ＡＳＰには誰でも登録でき、化粧品や育毛剤、クレジットカード、転職エージェント、証券の口座開設など大手企業を含めたくさんの広告が掲載されています。そこであなたがサイトを作ったあと、ＡＳＰに登録し、そこにあるよさそうな広告を取ってきてサイトに貼り付ければいいのです。

あなたのサイト経由で広告がクリックされ、商品が売れたりサービスに申し込みがあったりした場合、あなたに対して紹介料が入るようになります。

「アフィリエイト」と聞くとむずかしく感じる方もいるかもしれませんが、要は紹介ビジネスと理解すればよいです。

たとえば、保険代理店は何をしているでしょうか？　彼らは自分の商品をもっているわけではなく、生命保険やがん保険を含め大手保険会社の商品を代理で販売しているにすぎません。その代わり、保険商品を売ったら大手保険会社から紹介料が支払われるのです。

書店という小売業もそうです。書店は自ら本を作っているわけではなく、出版社から本を仕入れて販売しているにすぎません。本が売れたら販売手数料が入り、本が売れ残ったら返本するシステムになっています。成果報酬に近いビジネスということができます。

このように、他人の商品を代わりに販売し、成功報酬が支払われるというビジネスは無数に存在します。アフィリエイトは、ネットビジネスに特有のものというわけではありません。あらゆる企業が取り入れているビジネス手法です。ネットビジネスになると名前が「アフィリエイト」になるだけだと考えてください。

図3

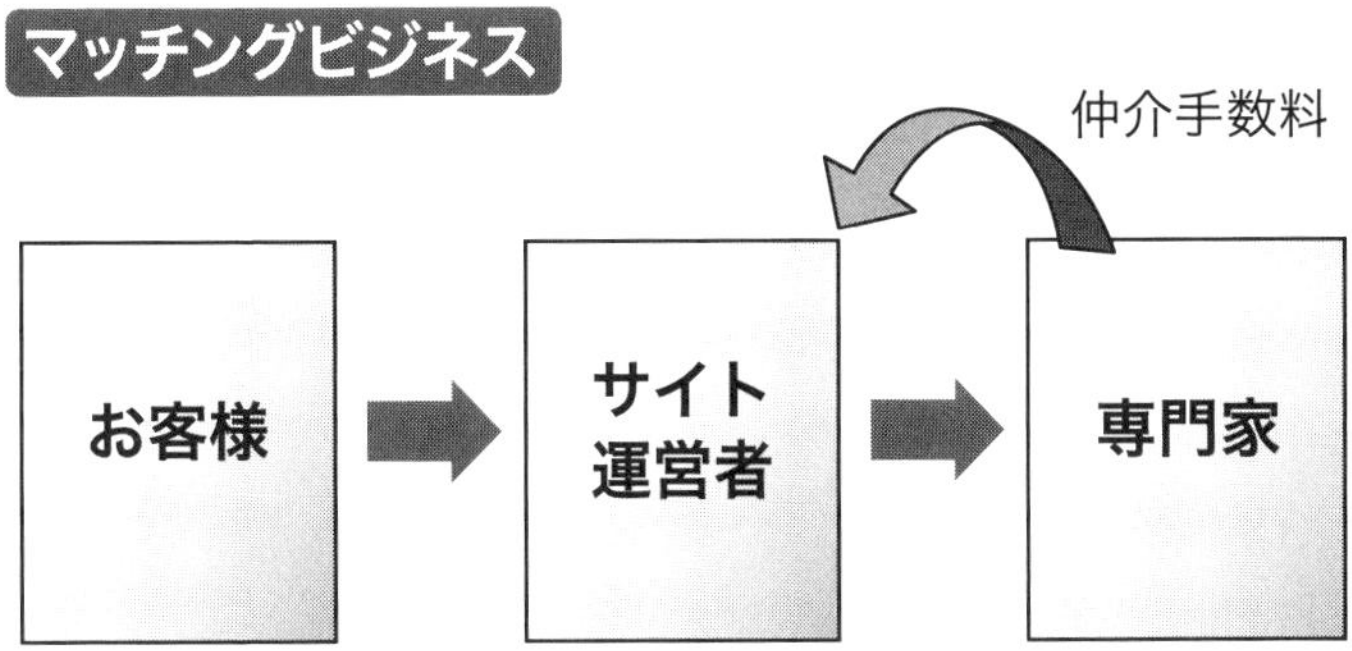

6 お客様と業者をつなげるマッチングビジネス

②のマッチングビジネスとは、お客様と優良業者をつなげるサービスです。お客様と業者をつなげたのち、アフィリエイトと同じように仲介手数料をもらいます（図3）。

私のクライアントにエクステリア工事（外構工事）のマッチングサイトを構築している人がいます。エクステリア工事とは、庭や玄関など家の外に関する工事で、彼はサイト運営を開始して2年経過した時点で、年間1億2000万円を動かすサイトにまで成長させました。

彼は現場で働いていた経験を活かしてサイトを構築し、全国から「エクステリア工事を検討している人（工事発注者）」のアクセスが集まるようになりました。そこで、エクステリア工事をしたい人（お客様）から工事依頼を受け、お客様の家の近くにある地元の工務店を紹介するようにしています。

たとえば大阪からエクステリア工事に関する依頼を受けた場合、大阪のエクステリア工事会社を紹介します。実際に工事が決まった場合、成約金額の10パーセントを工事業者から受け取ります。１００万円の工事であれば10万円、２００万円の工事なら20万円の手数料（紹介料）になります。

なぜ、工事会社ではなくサイト経由で問い合わせが来るのかというと、理由は単純です。工事を依頼する人は失敗したくないからです。エクステリア工事というと１００万円以上するのが普通です。高額な出費で、変な業者に頼んで粗悪な工事をされては困ります。

そこでサイト上では、「私たちは優良業者と提携しているため、全国対応であなたの地域の優良工務店を紹介します」というメッセージを投げかけています。マッチングビジネスでは、どのビジネスであっても「優良業者を紹介する」というスタンスが基本です。

あなたがこれから庭を工事しようとするとき、どこに優良業者がいるか分かるでしょうか？　庭の工事は一生のうちに1、２回しか行わないため、自分が住んでいる地域の優良エクステリア工事会社がどこに存在するのか分からない人がほとんどです。しかし、実際のところ、素人が「粗悪な工事をする悪徳業者」を見極め、優良業者だけをピンポイントで探すのは大変です。そこで、優良業者を束ねているマッチングサイト（私のクライアントが運営するようなサイト）に問い合わせが来るようになるのです。

お客様から問い合わせがあったら、やるべきことは提携業者にお客様の情報を提供するだけです。わずか数十秒の作業です。これだけで何百万円もの工事が決まり、紹介手数料として10パーセントが入ってくるようになるのです。

マッチングビジネスは、紹介料をもらうという意味ではアフィリエイトとほぼ同じですが、大きく異なる点があります。それは、マッチングビジネスは、「提携業者を自分で見つけてくる必要がある」ということです。

提携業者を自ら見つけるという点で、マッチングビジネスはアフィリエイトよりもハードルが高いのですが、それだけにライバル数が非常に少なく、一度仕組みを構築すればずっと収益を上げられる可能性が高いのです。工事や留学、アプリ開発などはマッチングビジネスで収益が上がる分野です。

マッチングビジネスの場合、問い合わせを受けるとき、「電話とメールを受け付ける」「電話はなしにして、メールだけを受け付ける」の二つの方法があります。

電話を受け付ける場合、完全自動化は無理です。その代わり、お客様から問い合わせが来たとき、直接疑問や悩みに回答できるため、成約率は高くなります。

一方、メールだけを受け付ける場合、完全自動化が可能です。お客様が問い合わせフォームに自分の情報を入力し、「送信」をクリックしたとき、「あなた」と「提携業者」へ同時に問い合わせ内容のメールが送られるようにします。

工事のように地域で業者が異なる場合であっても問題ありません。各地域に提携業者を用意しておき、都道府県や郵便番号などからどの提携業者にお客様の情報を送ればいいのか自動で判別し、メールが送られる仕組みを作ればいいのです。

あとは提携業者がお客様に対して電話をして、契約までこぎつけてくれます。後日、業者から、「あなたのサイト経由でお客様が決まったため請求書を送ってください」というメールが届きます。請求書の作成は自動化できませんが、請求金額を入力してメールを送るという10秒ほどの作業を我慢するだけでいいのです。

マッチングビジネスでは、お客様を紹介したあとは業者に任せることになります。こういう話をすると、「業者が不正をしないのか」という質問が必ず来ます。「本当は100万円の受注だったにもかかわらず、80万円で申請するのではないか」ということです。

私の場合、「不正は起こらないだろう」という信頼関係に基づいて、基本的に提携業者と契約書などはかわしていません。もちろん、工事のように提携業者の数が多かったり、高額になったりしたときは契約書が必須になりますが、留学やアプリ開発を含め、提携業者がそこまで多くないマッチングビジネスの分野では契約書を結ぶ必要はありません。

なぜなら、不正があったら提携業者を紹介リストから外せばいいだけだからです。提携業者としては、お客様を紹介してもらって儲かっているので、提携解除があると困ります。下手に不正をして提携解除されるよりは、正しい売り上げを報告したほうがいいのです。

ビジネスにおいては、集客する人のほうが立場は強いです。こうした事実を認識し、不正は起こらないだろうという性善説に基づいてマッチングビジネスを行う必要があります。

また、完璧な不正防止は現実的に無理です。たとえば、テストで50点を取っていた人が80点を取るのは少し努力すれば可能ですが、95点を取っていた人が100点を取るのはむずかしいです。わずか5点をプラスするといっても、完璧を目指すのは至難の業なのです。

これはビジネスも同じであり、完璧ではなくても、ある程度まで不正を防げるのであれば、それでいいのではないかと思います。サイトを構築できれば、お客様はいくらでも集まってくるので、不正が起きたら提携業者を変えるというスタンスで問題ありません。

さて、マッチングビジネスも一般的なビジネスとしてすでに確立しています。たとえば、ハウスメーカーは、基本的にマッチングビジネスで成り立っています。大手ハウスメーカーが京都で家の工事を受注したとき、東京本社に在籍している社員が総出で京都まで出張し、現場で家を建てるわけではありません。そうではなく、大手ハウスメーカーは家の注文を受注したのち、その土地の工務店に仕事を投げているだけです。テレビ業界でも、フジテレビやＴＢＳの社員がテレビ番組を作っているわけではありません。番組制作をしているのは全て下請けの会社です。テレビ会社は広告主からお金をもらい、そのお金の中で面白い番組を制作するよう、下請け会社に仕事を投げているにすぎません。要は、自分たちはお客様（広告主）の受け入れ窓口となり、実際の仕事は下請けに丸投げしているのです。

これとまったく同じことをするのがマッチングビジネスです。

サイトを作ってネット上でお客様を集客し、問い合わせが来たら提携業者に仕事を投げます。実務は提携業者が行い、あとは紹介料が入ってくるのを待つだけです。「他の会社と直取引をする」という考え方を導入するだけでマッチングビジネスが可能になります。

7 自社商品を販売するリストマーケティング

さて、③の「リストマーケティング」では、アフィリエイトやマッチングビジネスのように、サイト上から何か商品を販売するわけではなく、メルマガ（メールマガジン）を発行します。サイトからメールマガジンに登録してもらい、メルマガ読者を増やすことがリストマーケティングで重要になります。

なぜ、メルマガに登録してもらうことでお金を生むようになるのでしょうか？　メルマガ自体は無料で見ることができるため、当然ながらメルマガ登録だけで収益化はできません。そこでメルマガ読者を増やしたのち、「セミナーを開催する」「コンサルティングを実施する」「ネット塾を開催する」など、次の行動に移す必要があります。

たとえば、私は「ビジネスサイト」を運営しています。そこではメルマガを発行しており、メルマガ上で参加費一人5万円のセミナーを開催したことがあります。このときは80人以上の方が集まりました。会場費はそれほどかかりませんから、これだけでも大きな収益になります。

また、私のクライアントには英語サイトを運営している人がいます。月額6000円のネット上の英語塾を一人で運営していますが、サイト運営2年目で月180万円の不労所得を生み出すことに成功しました。ネット上の英語塾というのは、要は通信教育のことです。インターネット上でいつでも閲覧できる通信教育サイトを作っておき、これらのコンテンツを利用できる代わりに月額6000円を課金するのです。

セミナーを開催する場合、完全自動化は無理です。ただ、ネット塾であれば自動化が可能です。メルマガにはステップメールという機能があります。これは、メルマガに登録した日を起点に、「0日目に流す情報、1日目に流す情報、2日目に流す情報」という具合

図4

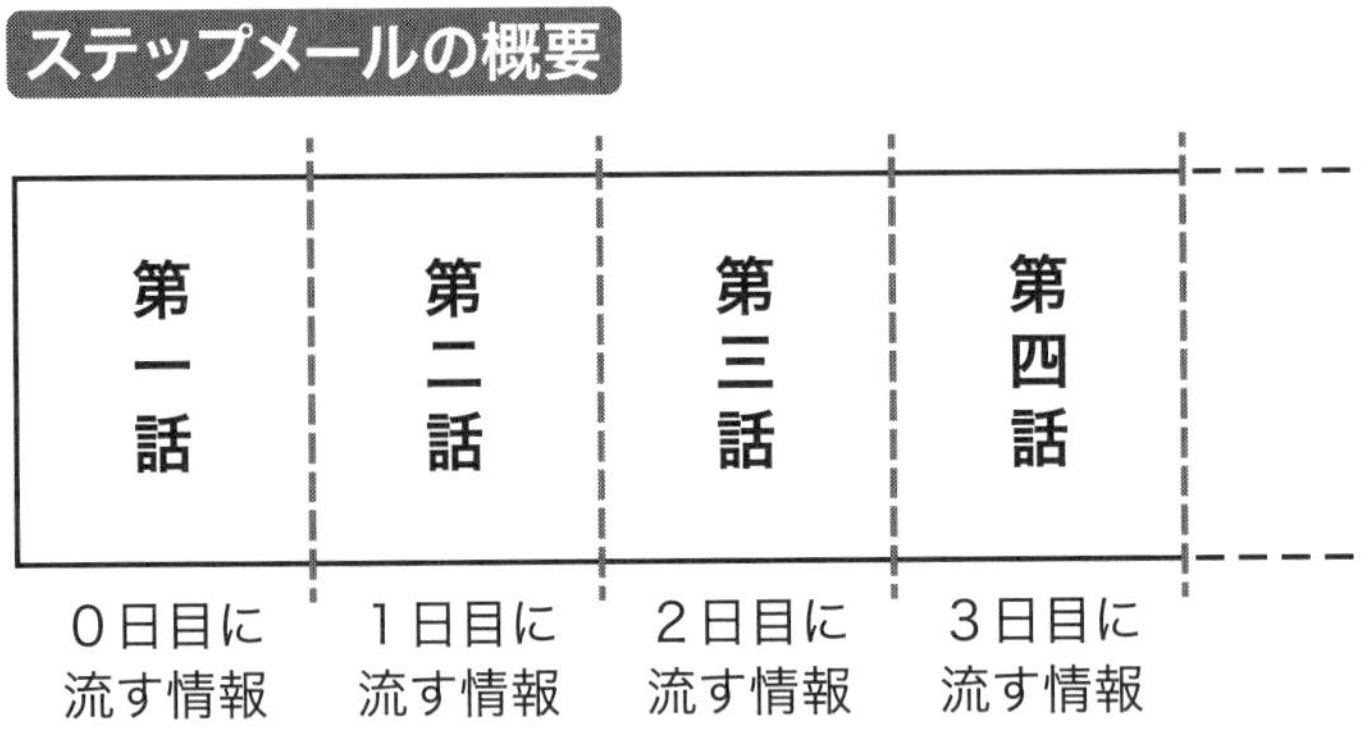

に、あらかじめ送るメールをセットできるという機能です（図4）。

英語サイトの開設者はアクセスが集まったのち、メルマガを発行しましたが、それと同時にステップメールを組み、メルマガに登録した人に対して約45日のステップメールが届くように設定しました。

サイト上と同じように、ステップメールでも最初は有益な情報を提供します。このときは、ステップメールで約30日は売り込みなしで有益な情報を流したのち、英語塾を15日ほどかけて紹介しました。そうすると、メルマガに登録した人のうち1割ほどの人が英語塾に入会してくれました。

ここで重要なのは、英語塾に入会するまで完全自動だということです。

①サイトでアクセスを集め、メルマガに登録してもらう

②ステップメールが送られ、英語塾に入ってもらう
③英語塾の通信講座で勝手に学んでもらう

これら、全ての過程が自動なのです。

英語塾のコンテンツを作るのは、最初は大変です。ただ、一度仕組みを作ってしまえば、リストマーケティングでも自動化が可能になります。

ちなみに、サイト運営では全公開が必須だと述べましたが、英語塾を運営している方も同様に、私の指導のもとノウハウを全公開しました。それどころか、サイトで無料公開している内容と英語塾の内容は同じです。サイトにある無料のコンテンツを英語塾にコピペしただけの内容で、一字一句同じです。

内容が完全に同じにもかかわらず、なぜ多くのお客様が月6000円も支払って英語塾のサービスを利用するのでしょうか？　これは英語塾に付加価値をつけているからです。サイト上に公開している内容は、バラバラにコンテンツが配置されています。算数でいうと、「最初に掛け算の方法を載せてあり、次に分数があり、その次に足し算の方法を教えている」という具合です。しかし、算数は最初に足し算を学び、次に引き算を学ぶなど、順番に勉強しなければ分かりません。

無料閲覧できる集客用サイトでは、難易度の異なる記事をランダムに配置していますが、

英語塾ではバラバラに配置してあった内容を整理し、「この通りに上から順番に勉強してください」という具合にしています。さらに、英語塾では全てのコンテンツに対して動画をつけています。これが大きな付加価値になっています。

そもそも、なぜほとんどの人が学校に通うのでしょうか？ 教科書には学ぶことが全て書かれているので、極端な話、教科書で自ら勉強すれば別に学校に行く必要はありません。

それでも学校に通う理由は、先生が直に教えてくれるからです。先生が「重要なポイント」「効率よく理解するための裏技」を教えてくれて、「理解度を増すために必要な宿題」を用意してくれることによって、ようやく理解できるようになるのです。

これと同じことを実現するため、英語塾では動画をつけています。無料閲覧できるサイトは文章だけしか載せていませんが、文章に動画をつけることで大幅に理解度が増すようになるのです。

英語塾には動画という付加価値をつけることで、お金を払ってでも閲覧したくなります。ですから、ノウハウの全公開は怖くありません。むしろ、無料公開することでファンが増え、アクセスが集まることを考えると、ノウハウの全公開は積極的にやるべきなのです。

また私の知り合いには、1年間のステップメールを組んでいる人がいます。つまり、読者は一度メルマガに登録すると、自動的に365日メールが届くようになるのです。このとき、ステップメールの中で売り込みをしていきます。そのため、1年間は自動で収益が出るようになります。

しかし、1年が終わるとステップメールが切れるため、自らメルマガをセットしなければメールが送られません。ただ、この方の場合、1年のステップメールが終わったのち、もう一度最初に戻ってメルマガが送られるように設定しています。つまり、365日目のメルマガを送り終えたのち、再び「登録0日目のメルマガ」が送られ、次の日には「登録1日目のメルマガ」が送られるようにしているのです。ステップメールが最初に戻るため、無限ループを繰り返すようになります。

こうした手法によって、永久にメルマガが送られ、自動で売り込みが続くのです。

多くの人は、「1年後にまったく同じ内容のメールが送られて問題ないのか」と考えると思います。しかし、これは問題ありません。よほど繰り返し熟読しているファンでない限り、他人が書いた文章を1年以上も記憶している人はいないからです。

私がメルマガを送るときも同様です。私のメルマガの内容は全て自分のサイト上にある文章のコピペです。メルマガの文章をゼロから作るのは非常に面倒なので、コピペだけですませています。コピペであるにもかかわらず、「サイトの内容と一字一句同じではないか！」とクレームが来たことはありません。

さて、リストマーケティングで重要なのは自分の商品を売ることです。アフィリエイトのように、他人の商品を紹介するのは意味がありません。もちろん、他人の商品を売ってもいいのですが、自分の商品を売るほうが圧倒的に収益が上がります。

自分の商品を売る場合、「私が素晴らしい商品を開発しているため、これを使えば問題ない」という一貫したメッセージを投げかけることができます。英語塾であれば、「この英語塾を活用しさえすれば、確実にネイティブレベルの英語力がつく」というメッセージになります。私の「ビジネスサイト」であれば、「ポータルサイトビジネスを実践すれば、人から感謝されながら、利益率が非常に高いビジネスが可能になる」となります。

一方、他人の商品をメルマガで紹介するとなるとどうでしょうか？　先ほどの英語サイトであれば、あるときは「この英語指導塾は素晴らしいノウハウをもっている」と宣伝し、またあるときは「実はフィリピン英会話が英語上達に必要」などのように宣伝することになります。メッセージがブレるため、読者は「このメルマガ発信者は矛盾したことを言っている」と考えるようになります。その結果、信用がなくなり、メルマガが読まれなくなります。

他人の商品を紹介する場合、サイト上でのアフィリエイトだけに留める必要があります。メルマガ発行をしてはいけません。一方で自分の商品を売りたい場合は、リストマーケテイングでメルマガを発行するのがいいのです。

リストマーケティングの本質は何かというと、自分の商品を売ることでリピートさせることです。要は、お客様に対して何度もアプローチすることで、自分の商品を何度も活用してもらうのです。

たとえば、お店を利用したとき、「ここに登録したら、○○を無料で差し上げます」というオファーを受けたことが必ず一度はあると思います。

私が通っている整骨院では、「当院のメルマガに登録すれば、延長マッサージを20分つけます」と書かれた貼り紙が受付の近くにあります。私はすぐに登録して延長マッサージをしてもらったわけですが、これ以降、この整骨院からメルマガが届くようになりました。

メルマガには、「クリスマスキャンペーンを実施中！　来てくれたら、当院だけで使える1000円クーポンを差し上げます」「この土日はスペシャルデーとして、フットマッサージを無料でつけます」のようなことが書かれています。日々のパソコン作業で肩が凝り固まっており、腰痛もあるので、私はこうしたメールを受け取ると、ついその整骨院へ行ってしまいます。これと同じように、リストマーケティングでは、何度もリピートさせることが可能になります。

マッチングビジネスの場合、基本的に一度きりのお客様だけを相手にするため、リピートさせることがありません。そのためメルマガを発行する意味はほとんどありません。メルマガが有効なのは、リピート可能な業態です。

なお、サイト運営と同じように、メルマガでも有益な情報を発信することを意識してください。９割は有益な情報を提供し、残り1割で自分の商品を売るというイメージです。売り込みだけのメルマガは読まれないため、有益な情報発信をしながらお客様に継続的にリピートしてもらうようにしましょう。

8 会社経営している人は楽に収益化できる

会社経営者がネットビジネスで収益化する方法について考えてみましょう。今ビジネスをしている方は、収益化が圧倒的に楽です。すでに商品があるからです。

たとえばマッチングビジネスの場合、あなたが工事会社などを経営しているのであれば、他の工事業者に仕事を投げるのではなく、自社で仕事を行えばいいです。自社で受注する媒体としてサイトを活用することでお客様のリピートも期待できます。また、営業マンを雇う必要がなく、広告費をかけずに集客できるようになるため、会社の収益性が格段によくなります。

リストマーケティングについても、ゼロからビジネスを始める場合は商品の内容を考えなければいけませんが、会社としてビジネスがすでに回っていれば、会社の売れ筋商品を売ればいいだけなので、商品開発の手間を省くことができます。ウェブサイトを活用して集客し、利益を向上させるという意味で、会社経営者は大きなアドバンテージがあります。

ただ、会社組織がサイト作成をするとき、うまくいく場合とそうでない場合があります。私も法人コンサルを何社も経験していますが、途中でサイト運営自体を諦めてリタイアした会社もあれば、広告費なしに爆発的に集客できるようになり、1年半ほどで利益が3倍以上になった会社もあります。明確な違いは何かというと、「社長が本気になって取り組んだか」という点です。

うまくいかない会社の特徴はハッキリしています。記事作成を全て社員に丸投げしているのです。「あとはやっておいてね」と社員に業務をおしつけ、社長自身は何も行動しません。記事作成は意外と面倒です。サラリーマンである社員が普段の業務に加え、記事を書くことなどできません。その結果、何の成果も生まれないのです。

一方、社長が自ら記事を書くなど率先して行動している場合や記事更新のために専用の社員を雇っている場合、成功確率が格段に高くなります。社長が書けば記事の質はそれだけ高いですし、サイト更新の重要性を社員に気づかせることができます。また、記事更新のための専用社員がいれば、その人の仕事は「記事を書くこと」であり、業績評価は記事の質やライティング数になるので、必然的に有益な記事をサイトにアップするようになります。

　こうしたことを実践すれば、サイト運営によって会社の収益性は大きく向上するようになります。

コラム

デザイン性が優れたサイトに意味はない

企業のウェブサイトを見ると、「残念だな」と思うケースがほとんどです。なぜなら、非常にキレイなウェブサイトをもっているにもかかわらず、そこには会社概要や業務内容など、必要最低限のことしか書かれていないからです。

あなたの会社が誰でも知っているような有名な大企業でもない限り、お客様があなたの会社のサイトにたどり着くことはありません。その結果、デザインがキレイなサイトであるにもかかわらず、まったくアクセスのない状態に陥ります。しかも、サイト制作費を聞くと、100万円以上を投じていることがよくあります。大金をかけたにもかかわらず、広告を出さないとアクセスが集まらない残念な状態になっているのです。

会社は何のためにウェブサイトをもつのでしょうか? 決して、飾りのためではないはずです。集客のためと考える経営者がほとんどでしょう。ウェブデザイン会社はキレイなサイトを作ることには長けていても、広告費なしで多くのアクセスを集め、大量の集客をするノウハウがありません。ですから、経営者にその方法を教えることができないという状況になっています。

ちなみに、私のクライアントはどうかというと、きちんとアクセスが集まるサイトになっています。デザインスキルのない私がサイトの設定をするためデザイン性は非常に乏しく、最初はサイトのトップページにコンテンツが乱雑に置いてある状態になりますが、これでまったく問題ありません。有益な記事を提供していけば、自然とアクセスが集まるようになります。そうしてアクセス数が上昇してくれば、少しずつ問い合わせが来るようになります。つまり、広告費なしで集客できるようになります。

何百万円もかけてデザインのいいサイトを作り、広告費を投入しないと誰も訪れないサイトではなく、「放置していても集客できて、売り上げアップに直結するサイト」を経営者は選ばなければいけません。

第3章

ネットビジネスでのジャンル選定

1 レッドオーシャンだからこそ収益が上がる

ここからは、ジャンル選定について考えてみましょう。参入分野を決める作業です。アフィリエイトだけでなく、マッチングビジネスやリストマーケティングまで視野に入れると、サイト構築によって世の中に存在するほとんどの一般顧客相手のビジネスができるようになります。

ただ、参入ジャンルを間違えると、まったく収益が上がらないサイトになります。ボランティアでサイト運営するなら、どのジャンルを選んでも問題ありませんが、ビジネスで考えるのであれば、収益が上がらなければ意味がありません。収益額が大きければ大きいほど多くの人を喜ばせ、社会貢献することになるのですから、儲けの額のことまで考える必要があります。

このとき、多くの人が勘違いすることとして、「ブルーオーシャンとレッドオーシャンの考え方」があります。「ブルーオーシャン」というのは、青い海が広がっているようなライバル不在の分野のことを指します。それに対して「レッドオーシャン」は、ライバルが非常に多く、血みどろの戦いをしている分野のことを指します。

当然、ビジネスをするのであれば、ライバル不在のブルーオーシャンが望ましいですが、本当の意味でのブルーオーシャンは存在しません。ビジネス初心者が犯すよくある間違いとしては、ブルーオーシャンを探して市場性のないジャンル（まったく収益が上がらないジャンル）に参入し、結果として労力の割にまったく収益が上がらないサイトを作ってしまうことがあります。

もし、あなたが天才なのであれば、ブルーオーシャンを自ら作り出せるかもしれません。かつて、インターネットという概念を考えた人と同じように、あるいは、携帯電話を開発して電話の概念を変えた人と同じように、誰もが認める天才であれば、ブルーオーシャンでのビジネスが可能です。ただ、私を含め天才でない人がビジネスをする場合、ブルーオーシャンを自ら作り出すことは不可能です。

そこでどうするかというと、収益が上がるジャンルであることが明らかなレッドオーシャンに参戦します。そもそも、収益が上がるジャンルというのは大昔から決まっています。たとえば、金貸し業は大昔からあるビジネスです。職業紹介業（転職）も昔からある業種で、現在でも大手企業がいくつも参入しています。

私の場合、「ネットビジネスの手法を教える」という起業・ビジネス系のジャンルでサイト運営をしています。起業はいつの時代も存在しますし、「ネットビジネスの方法を教えるサイト」は圧倒的にライバルの多い「レッドオーシャン」に分類されます。

しかし、ネットビジネスを教えるサイトは、情報商材ビジネスのようなねずみ講まがいであったり、ペラページのサイトを量産するなどのスパム行為を教えたりするもので、「誰でも」「楽に」「3クリックで稼ぐ」などのようなコンセプトばかりです。

そこで私は「誰からも感謝されるポータルサイトビジネス」というコンセプトを打ち出して、情報発信することにしました。真っ当なビジネスをするという普通のことを述べているだけです。しかし、ネットビジネスを推奨する他サイトが怪しいものばかりであるため、「これだけ誠実な内容のネットビジネス系のサイトを初めて見ました」という内容のメールを頻繁に受け取るようになったわけです。

私がやったことは見せ方を変えただけです。参入ジャンルはレッドオーシャンであり、他の人と同じことをしても意味がないため、「真っ当なネットビジネスだけを教える」という見せ方にしたわけです。

当時、こうしたコンセプトで情報発信しているウェブサイトは私だけでした。そのため、「レッドオーシャン」に参入したにもかかわらず、「ブルーオーシャン」を築くことができたのです。このように、見せ方を変えることでブルーオーシャンを実現することができます。参入ジャンルは強豪の多いレッドオーシャンでも、そこから見せ方を工夫することで

表1

金融	キャッシング、ローン、クレジットカード、保険など
投資	株、FXなど
転職	転職全般、薬剤師、看護師、SE（システムエンジニア）、保育士、第二新卒、女性など
結婚	結婚相談所、出会い系、恋愛アプリなど
健康	サプリメント・健康食品（便秘、肩こり、アトピー、青汁など）、ウォーターサーバーなど
美容	脱毛、エステ、ニキビ、化粧品、バストアップ、薄毛・白髪染め、体臭、シャンプー、美容整形など
機器	レンタルサーバー、インターネット回線など
その他	一括見積もり系（引っ越し、中古車・バイク査定）、不動産、リユース（買取）、英語、資格・通信講座、探偵など

ライバル不在の状態にもっていくことができます。これが真のブルーオーシャン戦略です。

2 アフィリエイトの対象になる分野

こうしたことから、収益が上がると分かっているジャンルに参入しましょう。①のアフィリエイトであれば、収益が上がるジャンルがすでに決まっており、アフィリエイトでは必ず表1の中にあるジャンルから選ぶ必要があります。これを無視して自分が考えたジャンルでサイトを作ってもいいですが、それでは収益が上がらないことは確実ですので、おすすめはしません。

実際には、これ以外にもアフィリエイトで収益が上がるジャンルは存在しますが、ここにある表1でほとんど網羅しています。

このように表で示すと、意外と少ないように思えますが、そのようなことはありません。たとえば、健康の「サプリメント・健康食品」というジャンルは非常に広いです。便秘、肩こり、アトピー、青汁以外にも、ダイエットや目（ドライアイなど）、腰痛、物忘れ、筋トレ、不眠症、糖尿病など多岐にわたります。要は、健康系は収益が上がるジャンルだといえます。

一方で表1を無視して「自分は映画について詳しいし情熱もあるから、映画に関するサイトを作りたい」と考えたとしても、映画の広告案件は少なく、ほぼ収益が上がらないサイトになってしまいます。

参入ジャンルが違えば、同じ努力をしても、結果が100倍以上開くのが普通です。サイト運営で1年間同じ努力をするとして、将来的に月1万円ほどしか生み出さないサイトを作るのか、月100万円を生み出すサイトを作るのかの違いが生じます。ビジネスという観点では後者を選ばなければいけません。

また、多くの人が犯しやすい間違いに、アフィリエイトで総合サイトを作ってしまうことがあります。たとえば、化粧品のサイトを作るとき、あらゆる化粧品に関する情報を掲載したサイトを作ってしまうのです。化粧品といってもさまざまな種類があります。美白、敏感肌、アンチエイジング、保湿、オールインワンなどです。

これらに関して全て情報発信をして総合サイトにしてもいいですが、残念ながら収益が上がらないサイトになります。誰に向けたサイトなのか分からないからです。あるときは「美白化粧品が最適」といいながら、別のコンテンツでは「オールインワン化粧品が優れている」などと述べ、メッセージがブレるおそれがあります。

また、何でも屋になると商品が売れなくなるというのも理由の一つです。たとえば、あなたの腕に突然じんましんが出て肌がカサカサになったとします。このとき、総合内科と皮膚科ではどちらを受診するでしょうか。おそらく皮膚科を受診するでしょう。

同じように、敏感肌に悩んでいる人がサイトで商品を購入するとき、化粧品の総合サイトではなく、敏感肌に特化したサイトから商品を購入します。アフィリエイトでは、特定の分野に特化する必要があり、総合サイトでは収益が上がらないのです。

そのため、美容ジャンルでアフィリエイトするのであれば、「ほうれい線に特化したサイト」「ブライダルエステに特化したサイト」「アンチエイジング化粧品に特化したサイト」などというように特定の分野に絞る必要があります。

クレジットカードのジャンルなら、「年会費無料のカード」「学生カード」「ＥＴＣカード」「女性向けカード」などのような切り口で絞ります。株のジャンルであれば、「投資信託」「スイングトレード」「株主優待」などのような切り口で絞ります。

このように切り口を絞って見せ方を変えれば、アフィリエイトでライバルが多いとされているジャンルであっても、意外とライバル不在で簡単にアクセスが集まるようになります。サイト運営をゼロから開始するとき、「競合がたくさんいるので今からではむずかしいのではないか」という質問をよく受けますが、まったく問題ありません。切り口を絞ればライバルは非常に少なくなるからです。

3 マッチングビジネスで収益が上がる分野

アフィリエイトではすでに収益が上がるジャンルが決まっているため、そこから選ぶしか選択肢がありません。②のマッチングビジネスではどうかというと、これにも条件があり、外してはいけないポイントがあります。

マッチングビジネスで外してはいけないポイントは、「一つの単価が100万円以上かどうか」という点です。たとえば、エクステリア工事は単価100万円以上です。造園となると、300万円を超えるのは普通です。こうしたジャンルであれば、どのジャンルでもマッチングビジネスが成り立ちます。工事以外にも、留学、アプリ・システム開発、不動産、相続、M&Aという具合に、意外と単価100万円以上のジャンルは多いです。価格が高いジャンルであれば、マッチングビジネスが成り立ちます。

では、なぜ単価が高くないといけないのかというと、単価が高くないと単純に収益が上がらないからです。たとえば、カウンセラーのマッチングビジネスを考えたとします。「カウンセリングを受けたい人」と「お客様が欲しいカウンセラー」をマッチングさせるのです。しかし、このビジネスモデルでは収益が上がりにくいです。

カウンセリングの相場は1時間1万円ほどなので、紹介料を10パーセントにしても1000円にしかなりません。非常に安い金額しか受け取ることができないため、収益性という観点で不適なジャンルといえます。

一方で工事であれば、100万円の工事を仲介すれば、仲介料10パーセントで10万円の報酬です。同じ労力にもかかわらず、その差は100倍です。こうした違いがあるため、マッチングビジネスは高単価のジャンルを選ぶ必要があるのです。

「単価100万円以上のジャンル」ということを理解すれば、サイトを作るときにどのような記事を書けばいいのか分かるようになります。たとえば、私のクライアントにはリフォームのマッチングビジネスをしている人がいます。当然、サイトでは一般顧客向けにリフォームに関するコンテンツ記事を発信しています。

ただ、記事の中で、トイレリフォームに関する記事は意図的に省かせています。なぜかというと、リフォームの中でもトイレリフォームは単価30～50万円ほどで、工事の中では安いからです。リフォームに限らずどの業界でも同じですが、単価の低いサービスで仲介料を取られるのは嫌がられます。もともと利益が薄い中で仲介手数料が発生するため、提携業者の利益がさらに薄くなるからです。

単価の低いお客様の仲介では、お客様は優良業者を紹介してもらえるので喜んでくれますが、提携業者は紹介料を支払ってほとんど儲からなくなるので、結果として不幸になります。サイト運営者としても、単価が低い工事ばかり扱っていると収益額が伸びないのであまりうれしくありません。

ビジネスでは、自分を含めて関わった人全員が喜ばなければ意味がありません。そのため、単価の低い案件はマッチングビジネスに向いていないのです。

リフォームのマッチングビジネスであれば、キッチンリフォームや浴室リフォームなど、工事単価の高い記事をメインに情報発信していきます。単価が高ければ、工事業者は喜んで工事を受けてくれますし、仲介手数料も支払ってくれます。お客様としては、優良業者を紹介してもらえればうれしいです。そして、サイト運営者としても、高単価であればあるほど報酬額が高くなるのでうれしいのです。

関わった人全員が喜ぶマッチングビジネスをするには、単価が高い分野である必要があります。必ず高単価のジャンルを攻めてください。

参考までに、リフォームのマッチングビジネスでは、仲介手数料を「100万円未満の工事：手数料10パーセント」「100～299万円の工事：手数料13パーセント」「300万円以上の工事：手数料15パーセント」にしています。

単価が高ければ高いほど提携業者の利益額が大きくなるため、このような手数料にしています。要は、単価が高いほど提携業者の収益が上がるようになるため、喜んで仕事を受けてくれることを意味しています。

また、高単価なほどいい理由は他にもあります。値段の基準があいまいなことです。たとえば、3000万円の家と3500万円の家がある場合、建築士など工事関係の人でない限り、どのような違いがあるのか明確には分かりません。しかし、その差は500万円です。さらにいえば、提案内容によっては3000万円の家のほうがいい内容であることもあります。値段が高いからといって、必ずしも希望通りの家になるとは限りません。

高単価な商品の購入は、一生のうちに1、2回ほどしか経験しないものです。一生のうちに何十回も家の工事をする人はほとんどいません。繰り返し海外留学する人も少数でしょう。高額なサービスは何度も利用しません。そのため、値段が高い商品やサービスであるほど、お客様は失敗したくないと考えます。

単価の低い商品であると、単純に値段での勝負になりやすいです。たとえば、簡単な工事を依頼する場合、「10万円の見積もり」と「7万円の見積もり」の二つがあれば、安いほうが選ばれやすいのですが、少ない金額の場合、提案できる内容が限られているのでどれも同じような工事になります。違いがあるとすれば、値段くらいです。

一方、高単価な工事では、「材料の質」「工事期間」「完成品のサポート補償」など会社によって提案内容が大きく異なります。こうなると、提案内容によっては、たとえ値段が高かったとしてもその業者が選ばれることになります。

同じことは留学や不動産、相続などあらゆるマッチングビジネスで共通します。単価が高いと失敗したくないという心理が働き、多少は値段が高くても良質な提案をしてくれる業者に発注したいと考えます。その結果、「優良業者を紹介します」というメッセージを投げかけているあなたのサイトに、お客様からの連絡が入るようになるのです。

なお、マッチングビジネスの話をすると必ず出てくる質問として、「どのようにして提携業者を探すのか」という問題があります。アフィリエイトであれば、ASP（第2章5参照）という誰でも登録できるサービスに申し込むことで簡単に広告を取ってくることができますが、マッチングビジネスでは自ら提携業者を見つけてくる必要があります。

方法は簡単です。電話をかけるだけです。実際にお客様からサイト経由で問い合わせが来たとき、提携してもらいたい業者を探し、「お客様を無料で紹介したい」と申し出ればいいのです。

たとえば、あなたが家のリフォームを検討しているとき、どの工務店がいいのか調べたうえで、実際にリフォーム会社に電話して「リフォームをお願いしたいのですが……」と申し出るはずです。このとき、お客様という立場なので、リフォーム会社から邪険にされることはありません。

これと同様に、提携したい業者に電話をかけて無料でお客様を紹介したいことを伝えるのです。これにより、ほぼ確実に相手は話を聞いてくれます。無料でお客様を紹介するにもかかわらず、電話口で邪険にされたら、その会社は柔軟な対応ができない業者だと分かります。マッチングビジネスでは、特定の業者と密な付き合いをしていく必要があるので、話を聞いてくれる業者だけを相手にすれば問題ありません。

電話をかけて提携業者を探す場合、初回は仲介手数料なしで、完全無料でお客様を紹介しましょう。その代わり、「次回からは仲介手数料をもらいたい」と申し出るのです。提携業者がまだいない段階ではこのようにして業者を集めていきます。こうしてマッチングビジネスを継続していき、何年もサイト運営をしていけば、本当の意味で優良業者ばかりが集まるようになります。

どのビジネスでも共通していますが、お客様からの問い合わせもないゼロの状態から優良業者を完璧に集めるのは無理です。そこで、実際にビジネスを動かしながら提携先を増やしていき、より良質な業者をお客様に紹介できるように改善していくのです。そうすれば、マッチングビジネスでの成約率が上がり、より効率的に収益が上がるようになります。

4 リストマーケティングで収益が上がる分野

アフィリエイトやマッチングビジネスには、ジャンルを選ぶときに制約がありましたが、③のリストマーケティングはどうかというと、特に制約はありません。「世の中に存在する収益が上がるジャンル」であれば、どのようなジャンルでも攻めることができます。アフィリエイトで収益が上がるとされている以外のジャンルでも問題ありません。

たとえば、ビジネス分野（売り上げアップ、集客、税務など）のアフィリエイト案件はほぼ存在しません。あったとしても、情報商材のような怪しい案件だけです。しかし、リストマーケティングで自分の商品を売る場合、ビジネス分野のサイトを構築する意味は大いにあります。

私のクライアントの中には、税理士という資格を活かして、税務に関する情報発信をして、税務コンサルの仕事を受注するサイトを構築している人がいます。他には、ＳＮＳの活用法について情報発信し、「ＳＮＳで集客するコンサルタント」として活躍しているクライアントもいます。

ビジネス分野に限りません。占い・スピリチュアルのサイトを構築している人もいて、今では企業に対してコンサルティングをするなどで収益を上げています。スピリチュアルに関するアフィリエイト案件は存在しませんが、リストマーケティングであれば可能なのです。

では、どのようにしてリストマーケティングで収益が上がるジャンルを見つければいいのでしょうか？

まずは、大型書店に出向いて、どのようなジャンルに需要があるのかを調査してください。着目すべきは書店の売り場面積です。どのジャンルの本に売り場面積が大きく取られているのか確認してみてください。

今は本が非常に売れにくいといわれています。書店は売り場面積が限られている中で効率的に本を売っていかなければいけません。売れない本にはスペースを割きません。

そのような視点で確認すると、たとえば語学の分野は英語本ばかりであることに気がつきます。単語集やリスニング、ビジネス英会話、幼児英語、留学など切り口は多岐にわたりますが、いずれにしても英語というのは共通しています。フランス語やドイツ語、韓国語ではなく英語なのです。

ここから、英語は非常に収益が上がるジャンルだということが分かります。需要が大きいため、限られた売り場面積の中でも英語のスペースが広く取られているのです。

一方、フランス語やドイツ語など英語以外の本はほとんど置かれていません。ここから、語学は英語以外のジャンルは収益が上がらないことが分かります。もちろん、フランス語講師がフランス語サイトを頑張って作り、生徒を集める仕組みを構築すれば、月20～30万円ほど稼いで何とか自らの力だけで食べていくことはできるかもしれません。ただ、英語に比べて需要は非常に小さいのでそれ以上の収益化はむずかしいです。

そうした視点で世の中を見渡すと、英語ビジネスをしている会社は無数に存在します。それに対し、フランス語を軸にビジネスを展開している企業の数は少ないです。世の中の実情に照らし合わせてみても、語学は英語でなければ収益が上がらないことが分かります。

同じ視点で、どのような本の売り場面積が多く取られているのか確認してみてください。ただ、書店を見るときの注意点があります。それは、ロングセラーに着目することです。本にはベストセラーとロングセラーの二つがあります。このうち、ベストセラーは無視しなければいけません。

ベストセラーというのは、世の中の時流にたまたま乗って売れた本のことです。たとえば、中東で戦争が起これば「中東情勢について書かれた本」がベストセラーになります。サッカーワールドカップが開かれる直前になれば、サッカーに関わる本が書店で平積みされるようになります。しかし、中東情勢に関わるサイトを作ってもまったく収益が上がらないことは、ビジネスの素人でも分かります。

つまり、ベストセラー本は売り場面積に換算してはいけません。着目すべきはロングセラーです。ロングセラーはいつの時代であっても求められている本になります。こうした本がどれだけ存在するのかを確認することが、収益が上がるジャンルの見極め方として重要になります。

なお、なぜ中小の書店ではなく大型書店を見るかというと、ロングセラー本がたくさん置かれているからです。小さい書店の場合、より効率的に本を売るため、ベストセラー本がメインになります。また、ネット書店も同様にベストセラー本がメインに表示されます。ベストセラーばかり見ても収益が上がる分野は分からないため、ロングセラー本が置かれた大型書店に足を運んでみてください。

5 広告を見れば収益が上がるジャンルが分かる

大型書店に行けば、リストマーケティングで収益が上がる分野を把握できるようになります。ただ、これはリストマーケティングで通用する手法であり、必ずしもアフィリエイトやマッチングビジネスでも応用できるとは限らないので注意してください。

たとえば、クレジットカードはアフィリエイトで非常に収益が上がる分野です。しかし、クレジットカードの本は非常に少ないです。他にも、工事はマッチングビジネスでかなり稼げますが、工事の本はほとんど存在しません。

ところが、あるものに着目すれば、アフィリエイト、マッチングビジネス、リストマーケティングの全てで収益が上がるジャンルをほぼ完璧に見分けられるようになります。それは、「広告」です。多くの人は広告に着目しませんが、広告を見るべきです。

たとえば、週刊誌の見開き広告は200〜300万円ほどします。全国紙であれば、全面広告で2000万円以上かかります。これだけの広告費がかかるにもかかわらず、同じ媒体に何度も出ている広告が存在します。こうした広告主は非常に儲かっていると判断できます。

あなたが社長だとして、自社商品を売るために広告を出す場面を考えればよく理解できるでしょう。たとえば、150万円しか収益が上がらないのに毎週のように週刊誌に300万円の広告費を出すでしょうか。そのような愚かなことをする人はいません。

なぜ、300万円の広告を出しているのかというと、広告を出すことで400万円や500万円、それ以上に収益が上がるからです。広告費以上のリターンがあるのです。

ここから分かることは、「毎回高額な広告を出している業界は、それでも十分に元を取れるくらい収益が上がるジャンルである」ということです。

そうした目線で広告を見てください。週刊誌の広告、新聞の全面広告、新聞折り込み広告、電車の中づり広告、テレビCM、ネット広告などです。そうすると、キャッシングや転職、英語、ダイエット、脱毛、エステ、不動産など、非常に広告の多い業界が存在することに気がつきます。こうした広告の多い業界は「レッドオーシャン」であり、収益が上がる分野です。

世の中の広告さえ見れば、収益が上がるジャンルを完全に把握できるようになります。

6 収益が上がらないジャンルを理解する

では反対に、収益が上がらないジャンルにはどのようなものがあるのでしょうか？　収益が上がらないジャンルは無数に存在しますが、その中でも代表的なものをいくつかピックアップしていきます。

まず、エンターテインメント・嗜好品は稼ぐのがむずかしいです。旅行や映画、お笑いはエンターテインメントであり、嗜好品にはお酒やコーヒーなどがあります。専門的すぎる分野も対象になりません。たとえば、歴史や大学課程の数学などです。私のセミナーに出席した方の中で、「自分は歴史について詳しいため、この分野のサイトを作りたいけどどうか？」と質問してきた人がいました。私は「収益が上がらないからやめたほうがいい」とアドバイスしました。

その方は、「歴史はロングセラーの本があるし問題ないはず」「京都のお寺がずっと電車の中づり広告を出していたので、歴史の分野は大丈夫では」と言ってきました。しかし、ロングセラーといっても、英語本やビジネス本のように何十万冊も売れている本がたくさんあるかというと、そういうわけではありません。また、京都のお寺が広告を出しているといっても、紅葉がキレイな秋の集客を狙っているにすぎませんでした。歴史を啓蒙するために広告を出しているのではないのです。

実際、世の中に歴史ビジネスに関わる会社は多少存在するかもしれませんが、非常に少ないです。そのような意味では、歴史など専門的すぎる分野は対象になりません。

他には、金額が安すぎる分野も儲かりません。たとえば、スポーツ用品やアクセサリー、お花などです。

「サプリメントや化粧品なども同じように単価が安いのでは」と思う人がいるかもしれませんが、サプリメントとスポーツ用品では、継続性の点で違います。スポーツ用品の場合、一度購入したらそれで終わりです。シューズは消耗品といっても、毎日使っても半年はもちます。むしろ、早く傷むシューズはクレームが入り、二度と購入されなくなります。

一方、サプリメントや化粧品はどうかというと、1カ月に1回は注文が入ります。他のサプリメントや化粧品に乗り換えられない限り、毎月売り上げが見込めるのです。そのため、1年で考えると販売金額は大きくなります。たとえば、4000円の商品を1年間続けてもらった場合、4万8000円の売り上げになります。さらにサプリメントや化粧品は原価（材料費）がほとんどかからないので、非常に収益が上がるようになるのです。

アフィリエイトであれば、4000円のサプリメントを売ったとき、報酬1万円以上になるのは珍しくありません。なぜ、商品の値段よりも高い報酬になるのかというと、サプリメントには継続性があるからです。

そのため世の中にはサプリメントや化粧品の宣伝広告がたくさん存在しますが、スポーツ用品やアクセサリーなど、商品単体だけを宣伝する広告はあまりありません。これは、単価が安いうえに1回きりの購入で終わるため、収益性が低いからです。

サイト運営のジャンル選びとしては、売る商品がないジャンルも攻めてはいけません。たとえば男性であれば、サイト運営をするとき、なぜか心理学のジャンルを選ぶ人が非常に多いです。理由は分かりませんが、私がセミナーを開催して20人ほど集めると、そのうち一人は必ずといっていいほど、「心理学の情報発信をしているのですがどうですか？」と質問してきます。

問題は、心理学の情報発信をしてアクセスが集まったとしても、売る商品がないことです。心理学に関わるアフィリエイト案件は存在しないため、自分で商品を作って売るしかありません。しかし、結局のところ心理学を活用した商品を作れないケースがほとんどで、収益化できません。

心理学の分野は、ビジネスではコーチングに活かせます。社員のやる気を引き出したり、目標達成をしやすくしたりする技術がコーチングです。

コーチングの専門家が、心理学のサイトを作るのであれば問題ありません。自分の商品（コーチングのコンサルティング）を売ればいいからです。ただ、コーチングの専門家として活躍していない人が、何の考えもなしに心理学の情報発信をしたとしても、売る商品がないのでまったく収益が上がらないサイトになってしまいます。

これと同じことは、育児にもいえます。心理学の情報発信をする男性が多い一方で、女性はなぜか育児サイトを作る傾向が非常に強いです。育児も同じように、売る商品がほとんどありません。育児コンサルタントとして活躍している人であれば、育児サイトが可能ですが、主婦が育児の情報発信をしたとしても、アフィリエイトできる商品がなく、自分の商品（コンサルティングサービス）を作ることもできないため、収益が上がらないサイトになってしまいます。

なお、収益が上がらないジャンルについて確認してきましたが、場合によっては、収益が上がるジャンルに参入したにもかかわらず、まったく収益が上がらないことがあります。どのようなときにそのような現象が起こるのかというと、ジャンルを絞るときにニッチすぎるジャンルにしてしまうときです。

英語であれば、ビジネス英語、幼児英語、留学、英会話など収益が上がる切り口がたくさんあります。しかし、切り口によっては市場性がなく、収益が上がらないサイトになってしまいます。

たとえば、ＴＯＥＩＣのサイトを作るとき、「ＴＯＥＩＣ６００点超えを教えるサイト」は可能性が高いです。ＴＯＥＩＣ６００点を目指す人は非常に多いからです。しかし、「ＴＯＥＩＣ８００点から９００点超えを教えるサイト」にすると、まったく可能性がありません。対象人数が非常に少ないからです。それにＴＯＥＩＣ８００点ほどの実力があるのであれば、英語の勉強法をすでに熟知しているので、わざわざ英語サイトを見る必要性がありません。

「ビジネスでは初心者を相手にする必要がある」のです。収益が上がるジャンルであったとしても、プロ向けのサイトは収益が上がらないと考えてください。

コラム

ビジネスではカンニングする人ほど成功する

私がクライアントに提案したサイトテーマでは、きちんと努力すれば100パーセントの確率で収益が上がるサイトになります。「諦めない」という前提条件はあるものの、きちんと行動した人の成功確率は100パーセントです。

では、私が全能の神でビジネスの天才だから収益が上がるサイトを当てることができるのかというと、そういうわけではありません。ビジネスの基本原則を参考にしているから確実に当てることができるのです。

ビジネスの答えは世の中にゴロゴロ転がっています。収益が上がるジャンルは大型書店や広告で把握できます。マッチングビジネスで仲介手数料を決めるときは、提携業者に「営業経費をいくら使っているのか」「広告費はどれくらいか」を聞いて、手頃な仲介手数料を提示すれば確実に納得してもらえます。

また、コンサルタントとして活躍したいのであれば、ライバルが主催するセミナーに出席し、「どのような内容のセミナーにしているのか」「客層はどうなっているのか」「コンサルティングサービスの内容や値段はどうなっているのか」を全て学び取ることができます。セミナー後、懇親会に参加して講師を質問攻めにしてもいいです。

全て自分の頭でビジネスを考えてもいいですが、まったくもって意味がありません。すでに世の中に答えが転がっているのであれば、そこから学べばいいのです。それだけで、1年かかっても解決できなかった問題を一瞬で解決できるようになります。

世の中には、あなたよりも何十年も早くビジネスを動かしている先輩たちが存在します。彼らはビジネスで成功し、多くの失敗もしています。その中で試行錯誤しながらビジネスを作り上げているのだから、そこから学ばせてもらうのが最も手っ取り早いです。

学校のテストでカンニングは禁止されています。しかし、ビジネスではカンニングしたい放題です。自分の頭で答えを探るよりも、他の人がどのようにビジネスを動かしているのかを積極的に分析して、ポイントをつかむことで、素早く成功することができます。

第4章

自分の強みを活かしたサイトを構築する

1 興味・強みがある分野で勝負するべき

ビジネスを開始するとき、二つの考え方があります。それは、「興味など関係なく、儲かれば何でもいいので収益が上がるジャンルだけを攻める」というのと、「自分が興味をもっていたり、強みとするジャンルで勝負する」という考え方です。

どちらも正解ですが、サイト運営に関していうと、興味や強みのあるジャンルで勝負したほうが成功しやすいです。なぜなら、1年間は成果が表れないからです。

正直なところ、まったく興味のないジャンルの記事を1年間も書き続けるのは苦痛でしかありません。それよりも、すでにある程度の知識をもっていたり、興味をもって取り組めたりする分野のほうが継続できます。

たとえば、あなたが男性だとして、「妊娠線クリームのサイトを作れ」と言われたらどうでしょうか？　妊娠線クリームは美容のジャンルであり、アフィリエイトで大きく稼ぐことができます。しかし、知識ゼロの状態から男性が妊娠線について調べて書くのはむずかしいです。妊娠について興味がないので、記事を書くのは苦痛でしかありません。

同じように、収益が上がるという理由で、女性がＥＤ（勃起不全）のサイトを作るのも微妙です。精力剤（ＥＤ改善サプリ）はかなり収益が上がる健康系ジャンルですが、女性では男性のＥＤの悩みが分からないし、知識もないので記事を書こうとしても手が止まってしまいます。

ですから、収益が上がる分野の中からあなたが少しでも接点のあるジャンルでポータルサイトを構築し、情報発信するようにしましょう。すぐに結果が出るビジネスではないからこそ、あなたの興味や強みが重要になるのです。

ところで、「自分には何も強みがない」という人が非常に多いです。私に質問してくる人の95パーセントくらいは、「自分に強みがまったくないけど、どうすればいいのか」と聞いてきます。しかし、心配いりません。これまで私は３００人以上の人と一対一でアドバイスしてきましたが、どのような人でも１００パーセントの確率で強みを見つけ出しています。

そもそも、自分の強みは分かりにくいものです。自分にとって当たり前すぎるため、強みだと気づかないのです。

たとえば今、大学に通っている人は「現役の学生」であることが強みだと気づいているでしょうか。おそらく、ほとんどの人は自分が大学生であることを当たり前のように感じているため、それが強みだとは気づいていません。

私のクライアントの中には大学生の人もいて、彼には学生カードのサイトを作らせています。社会人が作ってもいいですが、現役大学生が作ったほうがより質の高い記事を書けるからです。

実際に学生カードの記事を書くときは、「どのような場面で学生カードが必要なのか」「人気の学生カードには何があるのか」「未成年の学生が学生カードを作るときの注意点は」などを取材する必要があります。このとき学生であれば、大学の友達に取材すればいいのです。周囲には同じ学生がたくさんいるため、いくらでも聞き取り調査ができます。

そうして取材していくと、「卒業旅行のときにクレジットカードが便利なので、このときに学生カードを作る人が多い」「学生はお金がないため、年会費無料の学生カードがほとんどど」などのことが分かってきます。これらをもとに記事を作成します。

同じことを社会人がやろうとすると、親戚や会社の同僚などの人脈を頼って大学生にインタビューする必要があります。非常に手間がかかり、取材に協力してくれる学生を数人集めるだけでも大変です。

強みというのは、自分の身近にあります。そのため、どのような人であってもビジネスになるネタが存在するのです。

2 コンプレックスがお金になる

しかし、これだけ言っても「自分には強みがない」と言い張る人が非常にたくさんいます。ただ実際のところ、コンプレックスの塊で強みがないと考えている人ほど、ネットビジネスでは収益が上がるようになります。

むしろ、コンプレックスがなく、順調に人生を歩んできた人ほど強みがありません。私がコンサルティングをしていて一番困るのは、こうした人です。彼らは、読者（サイトに訪れる人）と同じ目線に立つことができないからです。

たとえば、男性向けの恋愛サイトを作るとき、イケメンで何も意識しなくてもモテる人は、残念ながら恋愛の分野で強みがあるとはいえません。男性が恋愛サイトの記事を読むとき、「適当に街中を歩いていれば女性から歩み寄ってくるので、その中からかわいい子を選べば問題ない。ナンパも声をかければ勝手に振り向いてくれる」などのように書かれていたら読みたいと思うでしょうか？　おそらく、「お前がイケメンだから可能なのであり、ここには自分が欲する情報はない」と考えて、すぐにサイトから離脱するはずです。

それよりも、女性から「キモい」とけなされた過去があり、それでもモテるために必死に努力して一人の彼女を作った人のほうが、圧倒的に強みがあります。「相手にメールを送るときの文面はどうすればいいのか」「デートの約束を取り付けたあと、店選びの基準はあるのか。そもそも店を予約するべきなのか」など、モテない男性と同じ目線で情報発信することができます。

これと同じで、肌荒れの悩みに長年悩んできたからこそ、敏感肌のサイトを作ることができます。ワキガに悩み、洗濯物の干し方を工夫したり、体臭クリームをいくつも試したりした経験があるからこそ、体臭サイトが出来上がるのです。

ネットビジネスに限らず、あらゆるビジネスに共通しますが、コンプレックスの塊の人ほどビジネスではうまくいきます。

実際、クライアントのサイトの参入ジャンルを決めるとき、私が聞くのは成功体験ではなく、コンプレックスです。

「これまで、どんな病気にかかったことがあるか」「幼少期からのコンプレックスは何か」「今一番の悩みは何か」「サプリメントや健康食品を使ったことはあるか。また、なぜ使ったのか」などを聞きます。

また、「これまで最も時間やお金を使ってきたことは何か」なども聞きます。これまでの人生の中で時間やお金を使ってきたことは、その人の強みである可能性が高いからです。

こうしたことをヒアリングしていき、たとえば「これまで何度も転職を繰り返し、ブラック企業にも勤務したことがある」という過去があったら、転職サイトのテーマに決定します。他にも、「これまで不眠に悩んでいて、枕を換えたりアロマを使ったりしている」という経験があれば、不眠症サイトのテーマにします。

つまり、コンプレックスが強みになります。その人が悩んでいることであればあるほど、情熱をもって取り組める強みになるのです。

3　強み発見のフローチャート

強みを見つけるとはいっても、何の資料もなしに適当にヒアリングをして強みが分かるわけではありません。私は超能力者ではないため、話を聞いて瞬時に、「あなたの強みはこれです。この分野でポータルサイトを作れば確実に成功できます」とアドバイスすることはありません。

そこで、私がクライアントにヒアリング前に必ず実施してもらっていることがあります。

それは、自分史の作成です。

就職活動する学生であれば、ほとんどの人が自己分析をします。これと同じことをしてもらうわけです。「小学校」「中学校」「高校」「大学・専門学校（行っていない場合は省略）」「社会人」と、それぞれの場面で何に興味をもっており、どんな悩みやコンプレックスをもっていたのか、乱雑でもいいので詳細に内容を書いてもらいます。当然、仕事以外の趣味などを含めて思うままに書いてもらうのです。きちんと自分史を書くとなると、少なくとも5000字以上にはなるはずです。

自分史を書き上げたあと、その中から「どのジャンルに参入するのがいいのか」を考えていきます。過去の自分の経験と照らし合わせ、興味をもって取り組めるジャンルを選ぶのです。

たとえば、薄毛が気になり、今育毛剤を試している最中であれば、薄毛サイトがいいかもしれません。マイルをためるのが大好きであれば、マイルカードのサイトが適切です。リフォーム会社に勤めているのであれば、リフォームのマッチングビジネスがいいです。いずれにしても、自分史を書き上げないことには強みを発見することはできません。

すでに不動産投資で成功していたり、整体院経営で稼いでいたりする人であれば、自分史を作らなくても強みは明確に分かります。ただ、そうではない場合は、必ず自分史を作り上げたうえで、自分の興味や関心と照らし合わせながら、「このジャンルなら関心はあるし、さらには1年間の努力もできる」という観点で参入ジャンルを決定します。

4 自分のテーマを設定する

最初に作るポータルサイトの参入ジャンルは、興味のあるテーマが望ましいです。そして、二つ目のサイト、三つ目のサイトと、サイトを増やしていくときも同様に、興味や強みのあるジャンルで勝負することが望ましいです。

サイト運営では自分のテーマを設定することが重要なのです。たとえば、私の知り合いにはクレジットカードのアフィリエイトばかりしている人がいます。その人はクレジットカードに興味があり、その分野のサイトしか作りません。「マイルカード」「ＥＴＣカード」「年会費無料のカード」「学生カード」「女性向けカード」という具合にクレジットカードだけに絞っています。

その人はクレジットカードのサイトだけで、今では年間1億円以上の収益があります。アフィリエイトでも、これだけの額を稼ぐことが実際に可能なのです。

重要なのは、稼いでいる額ではありません。自分の興味や強みのあるジャンルだけで勝負しているという事実です。何かしら情熱をもって取り組める分野を攻めているからこそ、他の人よりも質の高い情報を発信でき、多くのアクセスを集めることで、感謝されながら稼ぐことができるのです。

私の場合、薬剤師の資格をもっていることから、健康分野についてはある程度の知識があります。また、「ビジネスサイト」を運営していることからも分かる通り、ビジネス分野には興味や強みがあります。

そのため、私がサイト構築するときは、基本的に健康分野かビジネス分野だと決めています。その他の分野でサイト構築することはほとんどありません。

たとえば、私は株については無知です。そのため、いくら株サイトが収益が上がると分かっていても、このジャンルに手を出すことはありません。私が本気で株サイトを作ろうとしたら、実際に証券会社の口座を開設し、お金を投入してトレードするなど、リアルな情報を集めるところからスタートしなければいけません。株について無知のため、勉強も必要です。

しかし、健康分野やビジネス分野ならすでに知識がありますし、少なくとも一般の人よりは詳しいので、少し調べるだけで有益な情報を集められ、記事を書くことができます。

私はこのように情報発信する分野のテーマを決めています。そうした視点からサイト運営をし、収益を上げている人たちを見てみると、どの人もテーマがあります。「株に関わるサイトばかり作っている人」「主にエロ系のテーマでサイトを作っている人」「保険のサイトをメインで運営している人」などです。

反対に、何でもいいからと適当にジャンルを決めて参入している人がいます。しかし、運営しているサイトにはまったく一貫性がないので、収益が上がっていないケースが多いです。

自分史を作って過去のコンプレックスを見直すのは面倒ですし、過去の傷を見つめ直すので本当なら敬遠したいところです。ただ、この作業をきちんと行えば、将来にわたって自分が構築すべきサイトのテーマがはっきり決められます。

5 自信をもって紹介できる商品を売る

収益が上がる分野でサイトを作るわけですが、非常に収益が上がるジャンルでも、売る商品の選択をミスすると収益は上がりません。本来であれば月100万円以上の収益が上がるサイトにもかかわらず、月1万円ほどの収益にしかならないことがあります。

たとえば、健康系のサイトの中でも収益が上がるジャンルに「腰痛サイト」がありますが、このサイトで売る商品はグルコサミンが定番になっています。確かに腰痛を改善させる方法としては、整骨院に通ったり、専用サポーターを活用したりすることがありますが、整骨院を紹介しても大した紹介料にはなりません。また、腰痛サポーターをサイト上で売ったとしても、グルコサミンサプリメントのように何度もリピート購入される商品ではないため、報酬額はかなり低くなります。

ただ、人によってはある問題が生まれます。サイト上で売る商品を本気でおすすめできないというケースがある場合です。特に専門家で多いのですが、「腰痛にグルコサミンは効かない」と考えている人は、サイト上でグルコサミンを紹介することに抵抗があります。

これまで、グルコサミンを飲んだ経験があり、これによって腰痛が軽減したという経験をもつ人であれば、熱意をもって紹介することができますが、グルコサミンの効果に対して懐疑的な人は紹介できないでしょう。サイトを作る場合、こうした個人の事情を考慮する必要があります。もし、どうしてもグルコサミンを売ることに抵抗がある場合、他の分野を選択したほうがいいでしょう。そうでないと、収益が上がるジャンルに参入し、非常に記事の質も高くアクセスがあるにもかかわらず、収益のないサイトになってしまいます。

サイト運営をするとき、必ず何かしらの商品・サービスを紹介する必要があります。しかも、サイト上で紹介する商品・サービスは収益性の高いものでなければいけません。

たとえば、「引っ越しに関するサイト」は儲かるジャンルと分かっていますが、引っ越し業者を使わず自分の力で引っ越しする方法について情報発信しても、収益にはつながりません。サイト運営で収益を上げるためには、引っ越し業者を紹介する必要があります。収益性の高い商品・サービスを売る必要があるため、それに納得できるかどうかまで考えたうえで参入ジャンルを決めるようにしてください。

6 どの商品を売ればいいのか見極める

実際にサイトを構築するとしても、どのような商品を売ればいいのか分からない人も多いでしょう。では、どのような基準で判断すればいいのでしょうか?

これについて、いくら自分の頭で考えても答えが出ることはありません。しかし、何度も述べているように、ビジネスの答えは世の中に全公開されているため、そこから情報を得れば簡単に答えを見つけ出すことができます。

たとえばアフィリエイトであれば、「○○　ランキング」と検索しましょう。「○○」には、あなたが売りたいと考えている分野の商品を入力します。

具体的には、腰痛サイトであれば、「腰痛サプリ　ランキング」と入力して検索します。すると、ライバルサイトがたくさん出てきますが、どのサイトもグルコサミンを売っていることに気がつくでしょう。腰痛サイトではグルコサミンを売れば収益が上がるということが分かります。

ただ、グルコサミンといっても、多くの企業がグルコサミンの商品を出していますので、どのグルコサミンサプリメントをサイト上で紹介すればいいのかを決めなければなりません。そこで、「グルコサミン　ランキング」で検索して、ライバルサイトがどのようなメーカーのグルコサミンを売っているのか確認します。すると、「どのサイトも同じメーカーのグルコサミンを紹介している」という事実に気がつきます。もちろん、サイトによって多少異なりますが、どのサイトでも共通して紹介している商品が存在することが分かります。

あらゆるサイトに共通して掲載されているということは、要は「そのメーカーのグルコサミンが非常に売れる。また、実際に売れたときに報酬をたくさん出してくれる」ということになります。つまり、ライバルサイトをチェックし、売れる商品を把握したうえで、それと同じ商品を掲載すればいいのです。

この手法は、アフィリエイトであればあらゆるジャンルで応用することができます。「保育士　転職　ランキング」「マイルカード　ランキング」「株　口座開設　ランキング」などと検索すれば、ライバルサイトの情報からどの商品・サービスを掲載すればいいのかが分かります。

一方でリストマーケティングであれば、どのような商品を売ればいいのかについては、ライバルのセミナーに出席して、どのようなサービスを提供しているのか、その中身を見せてもらえば問題ありません。ライバルのやり方を参考にしながら、自分の商品リストを作っていきましょう。

コラム

広告収入モデルは収益が上がらない

ネットビジネスでは、①アフィリエイト、②マッチングビジネス、③リストマーケティングという三つの手法があると紹介しましたが、厳密にいうともう一つあります。それが、広告収入モデルです。

ただ、本書では広告収入モデルについて詳しく解説することはしません。理由は単純であり、収益が上がらないからです。もっと正確にいえば、労力の割に成果が少ないです。

広告収入モデルとは、「非常に多くのアクセスを集めてそこに広告を貼る」というビジネスモデルです。商品が売れたり、サービスに申し込まれたりしたときに報酬が支払われるアフィリエイトと違い、成果報酬ではありません。商品が売れなくても、「サイトに広告を掲載して月額課金する」「サイトに掲載された広告がクリックされたら課金する」というモデルです。

広告収入モデルは成果報酬とは違うので、メーカー側としては「広告を掲載して本当に元が取れるのか分からない」という心理が働きます。そのため、収益額が非常に少ないのです。

私が保有しているウェブサイトに「薬学サイト」があるのですが、これは広告収入モデルです。月３００万ＰＶ（ページビュー）というアクセス数を集めており、クリック課金型の広告（1クリックあたり20～50円ほどもらえる広告）を掲載し、完全放置で月１３０万円ほどの収益です。

このようにいうと、ぼちぼち儲かっているように思います。ただ、私の薬学サイトは10年運用し、３００万ＰＶを集めてこの程度の結果です。

一方、「ビジネスサイト」はどうかというと、リストマーケティングをしているのですが、運用2年で薬学サイトの収益を超えました。しかも、アクセス数は月15万ＰＶほどです。

私のクライアントで英語サイトを運用している方は、サイト作成後2年で月１８０万円の不労所得を得ましたが、アクセス数は月18万ＰＶほどです。

「薬学サイト」に比べて、両サイトとも運用年数は非常に少ないですし、アクセス数は10分の1以下です。それにもかかわらず、大きな成果をもたらしています。

ビジネスをする以上、成果が重要です。「アクセスが集まる媒体を作り、何の戦略もなしに広告を貼る」という広告収入モデルは小学生でも思いつくことができますが、こうしたビジネスモデルは非常に収益性が低いと認識してください。そのため、アフィリエイト、マッチングビジネス、リストマーケティングのどれかでネットビジネスをする必要があります。

第5章

需要のある、質の高いコンテンツを作成する

1 キーワードに読者の悩みが表れる

参入ジャンルを決定したあとは、ひたすら記事を書くだけです。ただ、何の考えもなしに記事を書いていても、アクセス数は増えません。自分が書きたいことを書いても意味はなく、読者が欲する内容にする必要があります。

読者が欲する内容を押さえるには、キーワードを明確に意識する必要があります。キーワードに読者の悩みが表れるからです。

たとえば、「英語　フィリピン」「英語　フランス」という二つのキーワードがあるとします。同じ英語に関するキーワードですが、二つのキーワードでは検索する読者の性質がまったく異なります。

答えをいうと、「英語　フィリピン」で検索する人の場合は、留学を検討している人になります。フィリピンにはセブ島というリゾート地があり、さらにフィリピンは英語が公用語なので、格安でアジア留学したい人にとって魅力的な留学場所なのです。

一方、「英語　フランス」で検索する人はどのような人でしょうか。この人たちは留学のことなど考えておらず、「フランス人は英語が苦手というのは本当か？　これからフランスに旅行したいが言葉は大丈夫か？」と考えている人が検索していると推測できます。

このように、キーワードによって検索する人の性質はまったく異なります。そこで、サイト運営をするときは、キーワードから読者を連想するクセをつけておかなければいけません。

キーワードを活用して記事を作成すれば、確実に需要のある記事を書けるようになります。自分の頭の中で、「読者はおそらくこういう内容のコンテンツを求めているのではないか」と考えて記事を書いてもいいのですが、それではほぼ確実に失敗します。

ビジネスでは、カンニングが必須であることを何度も述べてきました。ここでも、読者がどのような記事を求めているのか、データを分析する必要があります。

それでは、どのようにすれば読者が欲している内容を探ることができるのでしょうか？これには「サジェスト」というものを活用します。サジェストとは、日本語で「提案」という意味です。

あなたもＧｏｏｇｌｅなどの検索エンジンを活用して情報を探しているときに、キーワードを入力すると、そのあとにいくつかキーワードの候補が提案されることがあると思います。

図５は「青汁」とＧｏｏｇｌｅに入力したときの結果ですが、「青汁　効果」「青汁　ダ

図5

イエット」「青汁　人気」などのキーワードの候補が提案されています。

　なぜ、こうしたキーワードの提案があるのかというと、青汁を検索する人は、これらのキーワードで検索する可能性が高いからです。そのため、検索エンジンから「あなたはこれについて知りたいのではないか？」と提案されるわけです。

　サジェストとして現れるキーワードは、「読者が実際にそのキーワードで何度も検索している」という証拠です。つまり、「サジェストキーワードは需要があるキーワード群」といえます。

　先ほどの例でいえば「青汁　効果」というサジェストキーワードから、「青汁の効果を知りたい人がたくさんいるため、これについて書けばいい」と分かります。また、「青汁　ダイエット」というサジェストキーワードから、「どのように青汁を活用してダイエッ

図6

青汁　あ
青汁 amazon
青汁 アレンジ
青汁 朝
青汁 アイハーブ
青汁 甘酒
青汁 赤ちゃん
青汁 アサヒ緑健
青汁 悪玉コレステロール
Google 検索
I'm Feeling Lucky
青汁　い
青汁 伊藤園
青汁 意味ない
青汁 胃
青汁 いつ飲む
青汁 iherb
青汁 いつ
青汁 胃が痛い
青汁 インスタ
Google 検索
I'm Feeling Lucky
青汁　う
青汁 運動
青汁 うつ病
青汁 売り場
青汁 ウエルシア
青汁 薄めて飲む
青汁 wikipedia
青汁 ウイスキー
青汁 薄める
Google 検索
I'm Feeling Lucky

トすればいいのか」という記事を書くとアクセスが集まるようになると分かります。「青汁　効果」「青汁　ダイエット」と検索する人がたくさんいることがサジェストの結果から分かるからです。

しかし、単に「青汁」と検索するだけではサジェストキーワードの数があまりありません。そこで次は、「青汁　あ」「青汁　い」「青汁　う」などのように検索してみましょう（図6）。すると、同じようにサジェストが出てきます。青汁について調べたとき、「あ」から始まるサジェストキーワード、「い」から始まるサジェストキーワードという具合に表示されます。

これを繰り返していけば、読者が欲しているキーワードを調査することができます。もちろん、自力でこれら全てのサジェストキーワードを調べるのは大変です。しかし、世の中には素晴らしい開発者がいて、サジェストを自動で取得できるツールがすでに開発されています。

「サジェスト　取得　ツール」などの言葉で検索すると、そうしたツールがいくつも出てきます。私が開発したものではなく、誰かが開発してくれた素晴らしいツールですが、無料で使わせてもらうことにしましょう。どのツールを使っても機能はそこまで大きく変わらないので、どれを活用してもかまいません。

図7

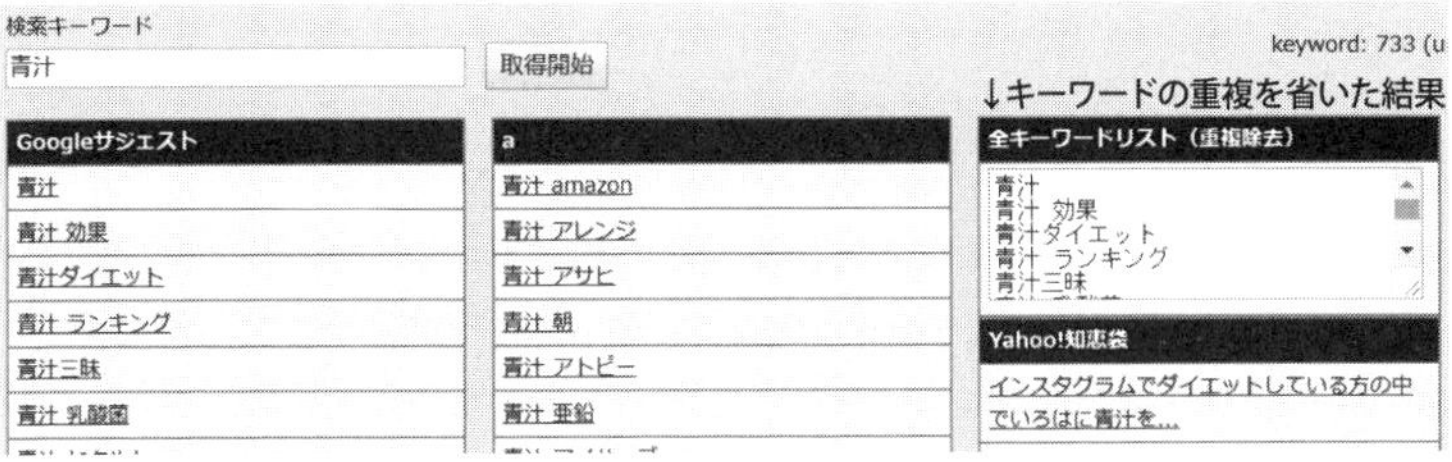

「http://www.related-keywords.com」を活用

このツールを使って、キーワードを入力します。先ほどと同じように、「青汁」と入力すると、「青汁」と検索したときの全てのサジェストが細かく表示されます。

出てきた結果で重要なのは、「重複を削除したキーワード群」になります。たとえば、「青汁　あ」と検索したときも「青汁　a」と検索したときも、どちらにも「青汁　アレンジ」「青汁　アトピー」などの検索結果が出てきますが、重複は意味がないので、重複キーワードについては省く必要があります。

こうしたサジェスト検索ツールを活用すれば、重複キーワードについても自動で省いてくれます。基本的にはどのサジェスト検索ツールを活用しても「重複キーワード除去の機能」があり、検索結果に表示されるはずです（図7の右上参照）。

こうして、「青汁」と検索する人がどのようなキーワードを活用しているのか全て把握できるようになります。この結果をもとに、読者がどのような内容の記事を求めているのかについて考えていきます。

私やクライアントがサイト運営で確実にアクセスを集められる理由の一つは、このサジェストを活用しているからです。確実に需要のある記事内容をサジェストキーワードでカンニングしているからこそ、どのようなジャンルでも当てることができるのです。

2 キーワードを整理する

サジェスト結果が出たあとは、キーワードを整理しなければいけません。乱雑にキーワードだけが並んでいても、何のことだか分からないからです。そこで、検索したキーワードを「読者が知りたいもの」のグループでまとめてみましょう。

たとえば「青汁」の場合、「青汁　ダイエット」「青汁　置き換え」「青汁　カロリー」「青汁　痩せた」と検索している人はどれも「青汁はダイエットにいいのか？」と考えてこのキーワードを入力していると推測できます。そこで、「青汁で置き換えダイエットをすれば、効果的に痩せる理由」などのタイトルで一記事を書くことができます。

なお、「置き換え」というのは、朝食を青汁などに置き換えるダイエット手法のことを指すため、ダイエットの内容で書く必要があります。

表 2

青汁は ダイエットにいいのか

- ➡青汁 ダイエット
- ➡青汁 置き換え
- ➡青汁 カロリー
- ➡青汁 痩せた

ハゲに 青汁はいいのか

- ➡青汁 育毛
- ➡青汁 薄毛

便秘に青汁がいい 理由

- ➡青汁 乳酸菌
- ➡青汁 ヤクルト
- ➡青汁 便秘
- ➡青汁 おなら
- ➡青汁 お通じ
- ➡青汁 快便

おいしい青汁は あるのか

- ➡青汁 甘い
- ➡青汁 うまい
- ➡青汁 おいしい
- ➡青汁 まずい

アトピーに 青汁はいいのか

- ➡青汁 アトピー
- ➡青汁 乳酸菌
- ➡青汁 ヤクルト

いつ青汁を 飲むべきなのか

- ➡青汁 朝
- ➡青汁 いつ飲む
- ➡青汁 空腹
- ➡青汁 食後
- ➡青汁 タイミング
- ➡青汁 食前
- ➡青汁 寝る前

妊婦に 青汁はいいのか

- ➡青汁 妊婦
- ➡青汁 便秘 妊婦

女性の生理に 青汁はいいのか

- ➡青汁 生理痛
- ➡青汁 生理不順
- ➡青汁 貧血

他の例であれば、「青汁　育毛」「青汁　薄毛」というキーワードは「ハゲに青汁はいいのか？」と考えてユーザーが検索していると予想できます。そこで、「薄毛に青汁は効果的なのか？　育毛と青汁の関係」のようなタイトルで記事を書きます。

このように、サジェストキーワードを整理することで、初めて「ダイエット効果を期待して青汁を飲む人は多い」「薄毛改善に青汁が効果的かどうかを解説したコンテンツは需要がある」ということが分かり、記事化することができるのです。

ところで、出てきたサジェストキーワードを整理するときは、ザックリとした分類でかまいません。間違っていてもいいです。自分の予想でいいので、「このキーワードを検索する読者はこういうことを考えて検索しているのではないのか」と考えながらキーワードを分類しましょう。

例として、青汁のサジェストキーワードを分類した表を示します（表2）。これが合っているか分かりませんが、このような感じでザックリと振り分ければいいのです。

読者が知りたい内容ごとにサジェストキーワードを振り分けたら、あとは書きやすい記事から取り掛かってください。たとえば、青汁とダイエットの関係について書きやすそうだと思えば、ダイエット記事から取り掛かります。青汁とハゲについて興味があれば、そこから書き始めるといいです。

ここまでの流れを整理してみましょう。

①自分がサイトを作る分野のキーワード（今回は「青汁」）を設定する
②サジェスト検索する
③サジェストキーワードを読者の属性ごとに整理する

となります。これにより、どのような記事を書けばいいのか明確になります。

ただ、サジェストキーワードを整理するときは、いくつか注意点があります。一つは、どう考えても関係ないキーワードがあることです。

たとえば、「青汁　イラスト」というキーワードはサイト作成に関係ないので削除します。このキーワードで検索する人は、単に青汁のイラストを探している人です。青汁を飲みたくて検索しているわけではありません。同じように、「青汁　英語」も排除します。これは、青汁を英語で何と言えばいいのか検索している人にすぎません。

もう一つの注意点は地名です。

たとえば、保育士の転職サイトを作る場合、「保育士　転職」でサジェスト検索すると、「保育士　転職　東京」「保育士　転職　大阪」などの地名が検索結果に現れます。しかし、地名で記事を作るのはむずかしいため、地名キーワードは排除します。

もちろん、中には地域密着型のビジネスをしている人もいます。その場合は逆に地名をできるだけ入れる必要があります。たとえば、私のクライアントには関西を営業圏内にしている不動産会社があるのですが、この会社には「大阪」「京都」「神戸」などのキーワードを含めた記事を書くように指導しました。その結果、今では広告費ゼロで集客に困らないほど莫大な収益が上がるようになりました。

ただ、こうした地域密着型のビジネスを展開している人以外は地名キーワードを排除したほうがいいです。最終的には地名キーワードを活用してもいいですが、後回しにするのが賢明です。

3 キーワードの落とし穴

では、どのようなキーワードをサジェスト検索すればいいのでしょうか？　これについては、参入するジャンルや売るべき商品が決まれば理解できるようになります。

たとえば、腰痛サイトを作る場合、当然ながら「腰痛」でサジェスト検索する必要があります。また、売る商品はグルコサミンサプリメントなので、「グルコサミン」でもサジェスト検索しなければいけません。

他にも、便秘サイトを作る場合は「便秘」でサジェストを検索するだけでなく、「腸内細菌サプリ」「乳酸菌サプリ」などでもサジェスト検索しなければいけません。便秘サイトで売るべき商品は、腸内細菌サプリ（乳酸菌サプリ）だからです。

こうしてサジェストを整理していけば、あなたが参入するジャンルでユーザーが知りたいことのほとんどを把握できるようになります。あとは、ユーザーが欲している情報を記事として提供するだけです。

ただ、2、3のキーワードを検索しただけでは、ユーザーの知りたいことを完璧に把握したとはいえません。ユーザーの行動に焦点を当てると、他にもキーワードで調べないといけないことが分かります。

たとえば、「留学」と検索するユーザーは、他にどのようなことを考えて検索するでしょうか？　ある人は「ホームステイ」で検索する可能性がありますし、別の人は「ワーキングホリデー」で検索するかもしれません。このように考えると、留学サイトを作るときは、「留学」というキーワード以外にも、「ホームステイ」「ワーキングホリデー」「短期留学」「長期留学」「高校留学」「大学留学」など、さまざまなキーワード検索が必要であると分かります。

サイトを作る場合、最初は完璧を目指す必要はなく、まずは「留学」だけでサジェストを調べて記事を書き始めればいいです。しかし最終的には、「ホームステイ」「ワーキングホリデー」など、他のサジェストまで調べたうえで記事を更新していき、サイトの完成度をより高めていく必要があります。

どれだけ濃い記事を書いたとしても、少ない記事数ではサイトへのアクセスは集まりにくいです。切り口や見せ方に独自性を出しながら、自分のジャンルに関わることであれば、読者が欲することを全て網羅する必要があるのです。

ところで、サジェストを活用して読者の需要を探るとはいっても、キーワードを探すのがむずかしい分野があります。それはエロ系のキーワードが関わるサイトです。

たとえば、ＥＤ（勃起不全）の改善サイトを作るために「勃起不全」とサジェスト検索をかけても検索結果はゼロです。同じく、包茎サイトを作るために「包茎」と入力しても検索結果は表示されません。サジェストではエロ系のキーワードが出てこないようになっているのです。

基本的にはサジェストを活用すれば読者の悩みや考えていることをほぼ把握できるようになりますが、エロ系のキーワードが関わるサイトに限っては例外だと考えてください。これについては、実際にそのことで悩んでいる人に取材したり、本を読んだりして調べるしかありません。

4 構成案を作成する

サジェストの結果を整理したあと、記事を書くわけですが、何も考えずに記事を書き始めると高確率でゴミ記事になります。ゴミ記事を量産してもアクセスは集まらず、感謝メールも届きません。もちろん、サイト運営で収益が上がるようにもなりません。

ではどうするかというと、構成案を作るようにしましょう。

構成案とは、記事を書くときの設計図だと考えてください。たとえば、家を作るときに材料だけ用意していきなり組み立てることはしません。どこに何を配置するのかをあらかじめ決めておき、それに従って家を建てる必要があります。設計図なしに家を作ると、当然ながら歪んだ家が完成されるからです。

これと同じように、記事を作るときも構成案という設計図が必要です。ただ、家の設計図とは異なり、記事を書くときの構成案はかなりザックリしたものでかまいません。サジェスト結果をもとにして、「どのようなことを記事の中で述べればいいのかメモをする」という程度の構成案で結構です。

また、構成案を作るときは、ライバルサイトを参考にさせてもらいましょう。ライバルサイトに何が書かれているのか確認するのです。たとえば、「青汁　ダイエット」「青汁　置き換え」などで実際に検索し、上位10サイトくらいを参考にすれば十分です。

このとき、青汁を売っているメーカーサイトは排除します。そうではなく、同じアフィリエイトサイト（ライバルサイト）を見るようにします。

なぜ、ライバルサイトの記事を参考にするのかというと、上位表示されている記事は「ユーザーが欲している内容が書かれているから上位表示されている」と判断できるからです。必ずしもそうではないケースはあるものの、基本的にはこのように考えて問題ありません。要は、ライバルサイトを見ることで、どのような内容を盛り込めばいいのかを確認させてもらうのです。

ライバルサイトを調査すると、共通して書かれている項目があることに気がつきます。それと同じ内容を構成案に入れていきます。注意点は、「ライバルサイトに書かれている記事を読まない」ことです。読んでしまうと、ほとんどのケースでコピペ記事になってしまうからです。コピペ記事に価値はありません。

ライバルサイトを調査するとき、私が見るのは目次だけです。「何が書かれているのか」だけを参考にさせてもらい、記事の内容を見ることはありません。そのため、ライバルサイトのチェックは数秒で完了します。これを何サイトも行い、書くべき内容を精査し、さらには「自分の体験談を入れ、リアルな内容にする」「ライバルサイトにもない、読者が欲するであろう情報を入れる」などを意識しながら構成案を作っていきます。

例として、私が「青汁の置き換えダイエット記事」でまとめた構成案を記します。

＊＊＊

〔使用するキーワード〕
・青汁　ダイエット
・青汁　置き換え

・青汁　カロリー
・青汁　痩せた

〔タイトル〕

青汁で置き換えダイエットを実践すれば、効果的に痩せる理由

〔内容〕

【ダイエットは食事管理が重要】

・ダイエットで最も重要なのは食事
・ただ、食事制限はつらいし挫折しやすい
・そこで、置き換えダイエットという手法を活用するといい

【なぜ、青汁の置き換えダイエットが効果的なのか】

・置き換えダイエットの概要を述べる
・青汁ダイエットでは、朝食を青汁に換えるだけでＯＫ
・普段の生活に青汁をプラスするのではなく、食事との置き換えが必要

・具体的にどのような食事と置き換えれば効果的なのか述べる

【青汁を使えば健康的に痩せる】

・青汁のカロリーは少ない

・さらに、便通改善によるデトックス効果も体重減にいい

・メリットだけでなく、青汁ダイエットの注意点も述べる

【実際に青汁で置き換えを試してみた】

・青汁を購入し、そのときの様子を記す

・用意したもの、準備したことを記載する

・1週間ほど試し、体重や体の様子をレポート

【まとめ】

＊＊＊

この内容が正解かどうかは分かりません。ただ、いずれにしても、このような構成案

（記事の骨組み）を作るといいです。キーワードを参考にしながら、さらには「青汁　ダイエット」「青汁　置き換え」などで検索して出てくるライバルサイトを参考にしながら、このような構成案を構築すればいいのです。

5　一人の人間に向けたコンテンツを考える

構成案を仕上げるとき、多くの人が陥るミスとして、「記事を読む人を一人の人間に絞っていない」ことがあります。

多くの人に向けた記事では、内容が冗長になり、言いたいことが二転三転するので、ゴミ記事になってしまいます。これは必ず避けなければいけません。

たとえば、「青汁　効果」というキーワードを使って記事を作るとき、読者はどのような人が対象になるでしょうか？　このキーワードでは、ありとあらゆる人が対象になります。青汁の効果について知りたい人は無数に存在し、それは妊婦さんかもしれないし、ダイエットしたい人かもしれません。青汁による薄毛の効果を知りたい人も対象に入ってきます。

「青汁　効果」で構成案を作ると、「妊婦さんへの効果、ダイエットの効果、薄毛の効果、便秘の改善作用、アトピーへの効果……」という具合に、いくらでも内容を膨らませることができます。このまま記事を書くと、1記事が10万字以上になります。ただ、これでは伝えたい人を絞れていないのでゴミ記事です。

記事を書く場合は、必ず記事を読んでほしい人を一人の人間に絞り、その人に向けて情報発信する必要があります。

先ほど私が示した「青汁の置き換えダイエット記事」の構成案は、「青汁の置き換えダイエットを実施して痩せたい人」という一人の人間に対して情報発信する設計になっています。そのため、あとはこの構成案をもとにして記事を書いていけば問題ありません。

なぜ、一つの記事を書くときに一人の人間を想定する必要があるのでしょうか？　それは、一人の人間に向けたメッセージでないと心に刺さらないからです。

たとえば、あなたが若ハゲに悩んでいる20代男性であり、育毛クリニックに通うかどうか決めかねていたとします。このとき、次の二つの記事があったときにどちらを読みたいと思うでしょうか。

A：食事内容に気をつけ、育毛剤を使えばハゲは改善する

B：20代の若ハゲは食事と育毛剤の活用により、医療機関の受診なしで治る

実際に若ハゲに悩んで症状が深刻な人なら、「B：20代の若ハゲは食事と育毛剤の活用により、医療機関の受診なしで治る」の記事を読みたいと考えるでしょう。メッセージを絞ったほうが心に刺さり、読者の興味をひくようになります。

まずは記事を読む人間を一人に絞りましょう。そうすれば、読者を魅了するコンテンツ構成案を仕上げることができるようになります。

6 成約から遠いキーワードは後回しにする

記事には優先順位があります。どのように優先順位を決めるかというと、単純に成約に近いものから書きます。

ビジネスでサイト運営をするなら、稼がなければ意味がありません。お金を得て社会貢献をするからこそ、ビジネスとして意味があるわけです。そこで、「このキーワードで検索してくる人は成約する見込みが低いだろう」と思われるキーワードは後回しにします。

たとえば、女性をターゲットにした脱毛サイトを作るとします。脱毛サイトは夏前に需要が急上昇する非常に収益が上がるテーマですが、キーワードから成約に近いか遠いかを分析しなければいけません。

キーワードには、「緊急性の高いキーワード」「緊急性の高くないキーワード」「サービスを利用したあとであり、成約に結びつかないキーワード」の三つがあります。

脱毛に関するサジェストキーワードを検索すると、その中には「脱毛　選び方」というキーワードがあります。これは、脱毛することは決めているものの、どの脱毛サロンが適切なのか決めかねている状態の人です。そのため緊急性が高く、非常に成約の可能性が高いです。こうした成約に結びつきやすいキーワードは、早めにコンテンツ記事としてサイト上にアップするといいです。

一方、「脱毛　値段」というキーワードで検索する人はどうでしょうか。この場合、脱毛には興味があるけど、ひとまず値段が知りたいという興味本位な人が多いと予想されます。そのため、このキーワードでアクセスが集まったとしても成約する確率は低いです。

では、「脱毛　ケア」というキーワードはどうかというと、すでに脱毛を終えた人がケア方法を知りたくて検索しています。脱毛を完了しているため、サイト上に掲載されている脱毛サロンの広告をクリックして申し込むことはありません。そのため、最も後回しにするべきキーワードだと判断できます。

サイトを作るとき、基本的には書きやすい記事から作ればいいです。ただ、このようにアドバイスすると、まったく成約しないキーワードから記事を書く人が出てきます。もちろんこれでもアクセスは集まりますが、アクセス数が多い割に収益が上がらないサイトが出来上がってしまいます。

ですから、記事を書くことに慣れてきたら、「このキーワードは成約から近いか遠いか」を意識するようにしましょう。ライティングするにしても、成約するキーワードを意識して攻めていけば収益が上がるサイトになりやすいです。

7 1次情報・2次情報を入手する

大量のアクセスを集めるサイトを作るためには、質の高い文章を書く必要があります。ただ、「質が高い」といっても何だか抽象的です。どのような文章であれば質が高くなるのでしょうか？

情報には三つの種類があります。1次情報、2次情報、3次情報です。サイト運営者が意識すべきは、1次情報です。

1次情報とは、本人が見たり聞いたりなど実際に体験した内容のことを指します。2次情報は他の誰かから聞いた情報のことを指します。誰かに取材した情報（知人の体験談）は2次情報に当たります。それに対して3次情報は、「又聞き」「友人のさらに友人からの情報」「ネット上にある情報」など、不確かな情報のことを指します。

読者が最も知りたい情報は1次情報であり、1次情報がないサイトは価値がありません。

また、全て1次情報だけで勝負するのは現実的に不可能ですので、2次情報を手に入れることは問題ありません。友人の体験談を取材するのは重要です。

ただ、実際のところネット上に存在する記事のほとんどが「3次情報を参考にして作られている」といえます。よく調べないで掲載されている内容がほとんどのため、間違った情報が非常に多いです。そのうえ、多くの人はネット上に存在する記事（不確かな情報）をもとにライティングするため、結果としてさらに内容の薄い記事が拡散しています。

そんな中、1次情報や2次情報をかき集めて勝負すれば、たとえ激戦と呼ばれるビジネスジャンルであっても、意外と簡単にアクセスを集められるようになります。

たとえば、恋愛サイトは非常にライバルが多いですが、実際のところゴミ記事であふれかえっています。なぜかというと、ほとんどの記事はデート写真やメールの様子などを詳細に掲載していないからです。

男性向け恋愛サイトの場合、必須となるのはリアルな情報です。いくら文章で「このようにすればモテるようになって彼女ができる」「こうやってメールを送り、デートに誘えばいい」と情報発信しても信ぴょう性がありません。

それに対し、実際に女性とデートしているときの写真が掲載されていたり、女性とやり取りしているときのメールの内容（画像のスクリーンショット）があったりすればどうでしょうか？　読者は「この人は本当にこの方法で女性と会っているんだ」と信じるしかありません。また、女性からどのような返信メールがあり、それにどう答えているのかを踏まえて解説すれば、非常に有益な1次情報になります。

実際、私のクライアントには「恋愛サイト」を作っている人がいます。この人に「できるだけ実際のデート写真を撮る」「リアルなメールのやり取りをネット上に公開する」などをアドバイスした結果、かなり多くのアクセスを集めるサイトに成長しました。

これと同じ思考でサイトを作る必要があります。

株サイトを作るのであれば、「自分が株取引した結果のスクリーンショット画像を載せる」「株の説明では、実際のチャート画像を用いて分かりやすく解説する」などの工夫が必要です。他にも「アンチエイジング化粧品のサイト」を作るのであれば、「実際に実施している肌ケアの方法を写真付きで解説する」などの工夫が考えられます。

1次情報をむずかしく考える必要はありません。少しの努力で1次情報になります。

たとえば、ダイエットサイトで食品の重要性に関する記事を書く場合を考えます。このとき、「コンビニ弁当やカップ麺などには大量の食品添加物が入っているため、これらの食品を取ると痩せることができない」という一文を書くとします。多くの人の場合、単に文章を書いて終わります。

しかし私なら、家の近くにあるコンビニやスーパーへ立ち寄り、食品表示の写真を撮らせてもらいます。そのあと、メーカー名や電話番号などをモザイクで隠し、実際にどのような食品添加物が含まれているのか記事とともに写真で示します。

他にも、「ダイエットにはオリーブオイルの中でもエキストラバージンオイルが適している」という文章を書く場合なら、やはり同じようにスーパーに出向いてエキストラバージンオイルの写真を撮らせてもらいます。または、実際にエキストラバージンオイルを購入して家で使用しているときの写真を掲載します。

これだけでも1次情報になります。コンビニやスーパーへ出向いて写真を撮ったり、実際に使ってみたりするだけです。多くの人はこの手間を省きますが、こうした写真を含めた実体験があるのとないのではコンテンツ記事の価値がまったく異なります。

1次情報を集めるのがどうしてもむずかしい場合は、知人に頼むといいでしょう。たとえば、転職サイトを作る場合、まさかサイト構築のために何回も転職するわけにはいきません。ただ、サイトを作るうえでさまざまな転職のパターンについて理解しておきたいです。その場合、友人に転職について聞く必要があります。

私は「薬剤師専門の転職サイト」をもっています。ただ、私自身は薬剤師としての経験はあるものの、病院勤務の経験がありません。そのため、病院薬剤師がどのように転職活動をするのかについては分かりません。

そこで、大学時代の友人に取材しました。彼は病院薬剤師であり、何度か転職経験もありました。彼に取材することで、病院薬剤師に関するリアルな転職情報を聞き出して記事にすることができました。

このように、取材によって情報を集めることも頻繁に行っています。

1次情報や2次情報を集めるとなると非常に面倒くさいです。ただ、実際のところ、面倒なことをするほど有益な記事が完成され、サイトへのアクセスが集まるようになります。ビジネスはどれだけ面倒なことをするのかが重要なのです。

多くのサイト運営者はここまでしません。だからゴミ記事ばかり量産するのです。本書も私の実体験やクライアントを指導したときの事例をできるだけ入れています。これは、そのようにしないと内容が面白くないからです。

8 自分のフィルターを通す

「1次情報や2次情報を集めて実体験・事例を述べる」とはつまり、自分の意見を述べるということです。

情報発信するとき、多くの人が陥りがちな間違いとして、事実だけを述べることがあります。しかし、百科事典を読んでもまったく面白くないのと同じように、事実だけを述べた文章ほどつまらないものはありません。

そこで、自分の意見や実体験をできるだけ語ることを意識しなければいけません。

たとえば、青汁サイトで「フルーツ青汁」に関する記事を書くとします。このとき、フルーツ青汁には次のようなことが分かっています。

- ダイエット目的に使用するといい
- 置き換えダイエットに最適
- 青汁の苦みがカットされている

こうした情報をもとにライティングしていきますが、事実だけを述べた文章では次のようになります。

「フルーツ青汁は置き換えダイエットに非常に最適です。青汁ではあっても、飲みやすいように苦みなどがカットされているので毎日飲めます」

間違ったことは述べていませんが、何も伝わるものがありません。そこで、ここに少し管理人の意見を入れます。

「フルーツ青汁は、置き換えダイエットに非常に最適です。私も実際に注文し、朝食をこの青汁だけにしてみました。

実際に飲んだ印象としては、抹茶にハチミツが加わったような感じで飲みやすいです。これなら、毎日飲めると感じました」

先ほどと違う点は、実際に商品を注文して飲んでみたことです。このときの感想として、「抹茶にハチミツが加わったような感じで飲みやすい」という意見を入れているため、多少は読者の興味をひく内容になりました。

しかし、これでもまだ不十分です。フルーツ青汁はダイエット商品ですが、読者はどのようなことを知りたいのでしょうか。記事を書くとき、「読者は何の情報を欲しているのか」を必死で考えなければいけません。

そう考えると、たとえば次のような文章になります。

図8

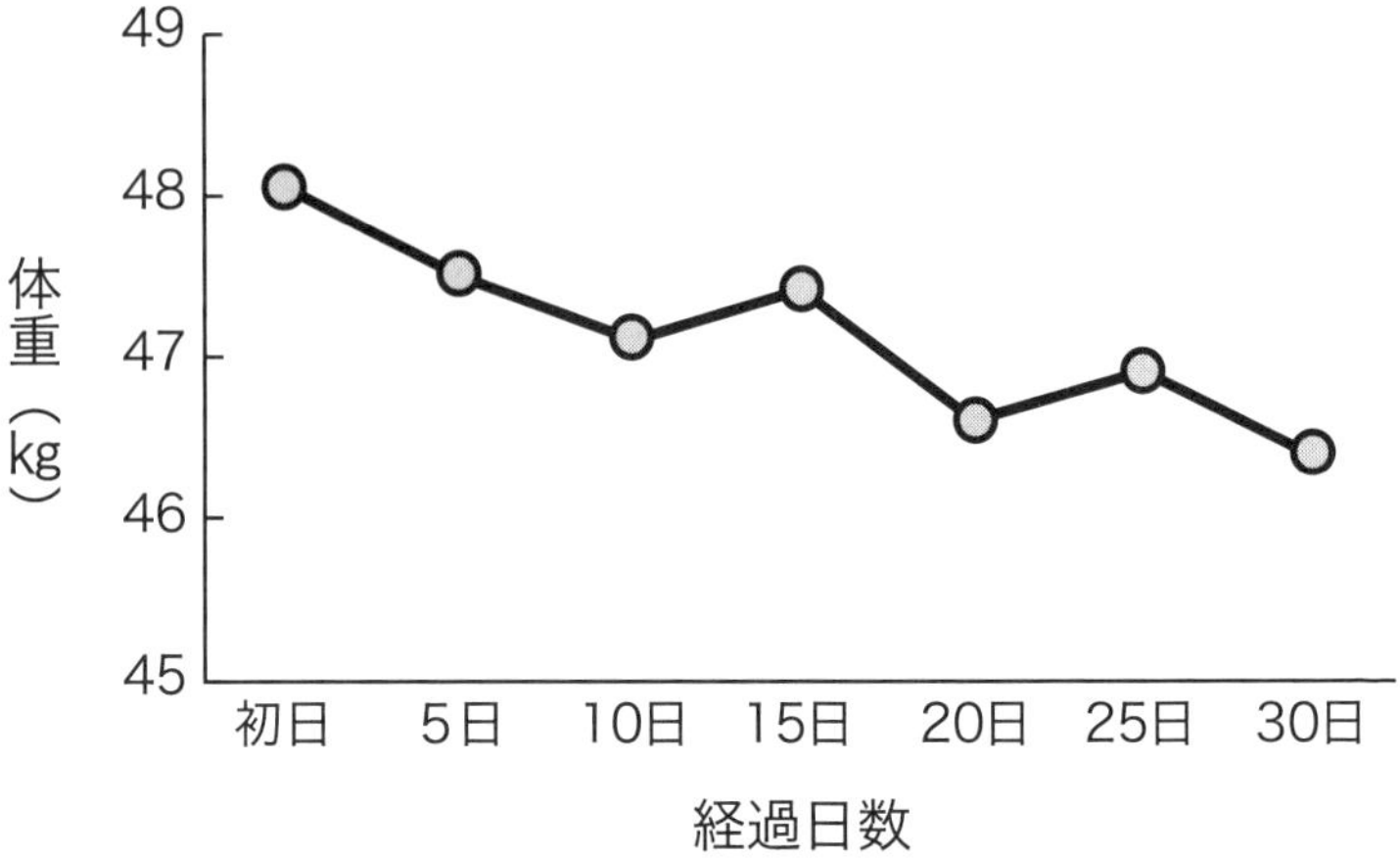

「フルーツ青汁は、置き換えダイエットに最適です。私も実際に注文し、朝食をこの青汁だけにしてみました。実際に飲んだ印象としては、抹茶にハチミツが加わったような感じで飲みやすいです。また、『朝食だけフルーツ青汁にして1カ月過ごす』ようにしたときの私の体重推移は上のようになります（図8）。

ただ、1カ月も続けていると、同じ味なので飽きてしまいました。そのため、途中からは青汁にヨーグルトを混ぜたり、アイスを加えたりすると無理なく続けられました」

ダイエット商品を試す人が必ず欲する情報は、「体重の推移」です。読者はフルーツ青汁の味を知りたいのではなく、ダイエットの結果を知りたいわけです。

さらに、同じ青汁ばかり飲んでいると飽きてくることが予想されます。そこで、「ヨーグルトやアイスを加えて青汁を飲み続けた」という独自情報を掲載します。これが、本当の意味での1次情報になります。

もっといえば、実際に青汁とヨーグルトを混ぜたときの様子を写真に撮り、それを文章と一緒に掲載すると、さらに濃い内容の記事になります。

面白い文章とそうでない文章の違いは何かというと、「どれだけ1次情報や2次情報が含まれているのか」だけです。要は、その人しか発信できない情報がたくさん詰め込まれているほど、記事の質が高くなるのです。

なお、「コンプレックスなど過去の悩みが強みになる」とすでに述べましたが、過去の自分のコンプレックスは包み隠さずサイト上で公開するようにしてください。その悩みをどのようにして克服したのかは重要な1次情報ですし、読者が最も知りたい情報になるからです。

これらリアルな情報を公開するほど読者の共感を呼び、ファンが増えます。その結果、あなたのサイトから商品が購入されるようになります。

9 読者になりきる

「読者は何の情報を欲しているのか」を考える必要があると述べました。先ほどの事例のフルーツ青汁なら、実際に飲んだときの体重推移について述べる必要があります。

ではダイエットではなく、「栄養価が高い青汁を子どもに飲ませる方法」という記事を書く場合はどうでしょうか？　こうした青汁記事を書くとき、自分（または友人）の子どもにどう工夫して青汁を飲ませたのかの実体験を載せる必要があります。

読者が変われば、当然ながら読者が求める内容も違ってきます。

同じ転職の記事でも、「ブラック企業で働いてうつ症状が出始めている人」と「仕事は順調だが、スキルアップや高年収のために転職する人」では求める内容は異なります。

ですから、読者が何を欲しているのかについて本気で考えなければいけません。

このとき、その人になりきって行動してみてください。たとえば、転職サイトで「転職面接で必須となる職務経歴書の書き方」というタイトルで記事を書くとします。職務経歴書とは、それまでの職務経験について簡単に記した自己ＰＲ書類のことです。

記事としては、職務経歴書にどのような内容を書けばいいのか簡単に説明すれば十分と思うかもしれませんが、読者はそれだけでは満足しません。

実際に転職者になりきって考えてみてください。職務経歴書に書くべき内容が分かったとしても、職務経歴書がどのようなフォーマットなのか分かりません。そこで、実際の職務経歴書を自作して図示する必要があります。

また、読者はゼロから職務経歴書を作成するのは面倒だと考えています。そこで、読者のためにサイト上から職務経歴書のテンプレートをダウンロードできるようにしておくと、非常に親切です。

しかし、実際に職務経歴書を書き上げたあとに次の心配事が起こります。「自分の書き上げた職務経歴書で本当に問題ないのか」という不安です。そこで、「転職エージェントを活用すれば、職務経歴書を含めプロの目線から書類をチェックしてもらえます」という内容を盛り込むほうがよさそうだという予想を立てることができます。

このように、実際に転職したい人になりきって、「職務経歴書を書く場合の悩みや不安に感じることは何か」を想像します。その悩みや不安を解消するためにはどのような内容を盛り込めばいいのかを考えるのです。

ここまですることで、読者は「まさにその情報が知りたかったんだ！」と感動してくれるのです。

読者が望んでいることを考えるのは、記事を書くだけでなく、あらゆるビジネスで必須となるスキルです。

実際、トップ営業マンは相手が何を望んでいるかを常に考えています。

私の知り合いに、年収1億円の生命保険のトップ営業マンがいますが、彼は「お客様に『そこまでしてくれるのですか！』と言わせたら勝ちだ」と言っています。

彼は商談のとき、生命保険の話はほとんどしません。そうではなく、「この人は何を望んでいるのか」だけを考え、それを解決する手伝いを率先して行います。たとえば、社員採用に困っている社長がいれば、代わりになって従業員候補を探してきます。婚活パーティーの主催者が集客に困っていれば、独身の男性や女性に声をかけて集客を手伝います。

相手が困っていることを解決したり、望んでいることを提供したりと、これらを無償で実行することで、何も言わなくても相手から保険について相談してくれるようになるといいます。さらには、当然のように保険の依頼が紹介で舞い込んでくるといいます。

営業マンに限りません。これは本来、誰もが自然にしていることです。

たとえば、恋人同士であれば、彼女（または彼氏）にサプライズをした経験があると思います。これも、「相手の望んでいることを想像し、大きな価値を与えることで感動を提供する行動」だといえます。

場合によっては、友人の誕生日にサプライズプレゼントをした経験があるかもしれません。これも、友人に喜んでもらうために行った価値ある行動だといえます。

「人の行動を予想し、大きな価値や感動を与える」というのは特別なことではなく、ほとんどの人が経験しています。これを、サイトの記事を書くときに同じように実行すればいいのです。

10 読みやすい文章の型をマスターする

「サジェストをもとに読者の知りたいことを探る」「ライバルサイトを調査する」「1次情報や2次情報を集める」「読者になりきり、彼らが欲していることを必死で考える」などを実施することによって、非常に精度の高い構成案が完成されます。

そのあと、記事を書いていくわけですが、このとき、世の中で読みやすいとされる文章の型を理解するようにしましょう。「ｉＰＲＥＰ」という型です。

ｉＰＲＥＰとは、「Interest（興味付け）」「Point（結論）」「Reason（理由）」「Example（具体例）」「Point（結論）」の頭文字を取ったものです。人に文章を読ませようとするとき、この型に従う必要があります。

冒頭部分は、「Interest（興味付け）＋Point（結論）」にします。

テレビや新聞、雑誌などあらゆる媒体は、「Interest（興味付け）＋Point（結論）」から入ります。要は興味をひきつけたのち、この記事では何が書かれているのか最初に伝えるのです。人は時間を無駄にしたくないため、興味のある内容だけを読みます。もし、冒頭に興味付けや結論がなければ、文章が読まれることはほぼありません。

たとえば、「テレビの健康番組」であれば、次のような出だしになります。

「ダイエットをするとき、運動が重要だと分かっていても忙しさから運動できずにいないでしょうか。しかし、実は毎日たった1分の運動で劇的に痩せる方法があります（興味付け）。そこで、この番組では医師を交えて、医学的な観点から効率的な運動手法を伝えます（結論）」

テレビに限らず、新聞や雑誌もこんな感じの書き出しになっているはずです。

ネット上の記事もこれと同じように書きます。冒頭の出だしは興味付けと結論を記載するのです。このとき、出だしの文章は６００字以下くらいで短くまとめるようにしましょう。冒頭が冗長だと読む気が失せ、読者は離脱していくからです。

また、冒頭の文章は共感させる必要があります。相手の気持ちに寄り添いましょう。

ダイエット記事を書くとき、「あなたがデブなのは意思が弱く、根性が足りないからです。ただ、そんなあなたでも可能なダイエット法を教えます」という出だしではどうでしょうか。おそらく、読者は反発して読みません。

そこで、共感する文章に変えます。「食事制限したくても、甘い食べ物を抑えられない人は多いです。かつての私もそうでした（興味付け）。そこで、私が実践した食事制限なしで、甘いものを食べたい放題でも痩せることができた方法を教えます（結論）」とすると、読者は読んでくれるようになります。

次に、Reason（理由）に移ります。

最初に結論（仮説）を述べたため、それを補完する理由を書きます。先ほど出した例のように、最初の結論が「食事制限なしで、甘いものを食べたい放題でも痩せることができた方法」であれば、「なぜ運動なしで問題ないのか」「具体的に何を実践すればいいのか」について述べる必要があります。結論を実証するための文章を書くのです。

ただ、理由だけを述べられても人は理解できません。また、事実だけが書かれたコンテンツは面白くないため、具体例（あなたの1次情報や2次情報）が必要です。そのため、Reason（理由）のあとはExample（具体例）になります。

「実際に私が試したところ……」「私の友人でこの方法を実践した人がいて……」などのように、具体例で補完していくのです。

Example（具体例）で1次情報や2次情報を述べるので、ここでその人独自の視点が入り、記事の質が高まることになります。反対にExample（具体例）のないコンテンツは価値がないといえます。

そうしてReason（理由）やExample（具体例）を述べたあと、Point（結論）をまとめます。全ての文章を総合して、「結局、この記事で読者に何を伝えたかったのか」を短くまとめて記事が終わるようにします。

なお、先ほどの「テレビの健康番組」をｉＰＲＥＰにしてみると、次のような構成になります。

「ダイエットをするとき、運動が重要だと分かっていても忙しさから運動できずにいないでしょうか。しかし、実は毎日たった1分の運動で劇的に痩せる方法があります（興味付け）。そこで、この番組では医師を交えて、医学的な観点から効率的な運動手法を伝えます（結論）。

1分であなたに行ってほしい手法は体幹トレーニングです。インナーマッスルを鍛えることで、基礎代謝力が上がって何もしなくても痩せるようになります（理由）。

これを実証するため、5名の人に実践してもらいました。このときの結果はこれになります（具体例）。

このため、毎日1分の体幹トレーニングによって効果的に痩せることができると分かります（結論）」

実際にはこの内容をもっと膨らませるわけですが、構成としてはこのような流れにすることが大事になります。テレビや雑誌を含め、あらゆる媒体がiPREPの型に従っているので、記事を書くときも同じ型にはめるといいです。

iPREPという文章の型を意識するとなると、何だかむずかしそうに思うかもしれませんが、多くの人が何も意識せずにこの順番で相手に伝えています。たとえば、次のような会話です。

「この前、便秘に悩まされていると言っていたよね（興味付け）。私、腸内細菌サプリを飲み始めたんだけど、これがめっちゃ効いたよ（結論）。

ドラッグストアの薬剤師に相談してすすめられたんだけど、腸内環境が悪いために腸や便の動きが悪くなるって説明してくれた（理由）。そこで半信半疑で試してみたけど、7日ほど飲むとあれだけ頑固だった便秘が今では毎日快便よ（具体例）。

○○という商品を使っているけど、私も飲んでよかったし、便秘改善には腸内細菌サプリを使うのがおすすめだね（結論）」

読者を魅了し、アクセスを集める読みやすい記事というのは、普段あなたが友人に分かりやすく何か伝えるときと同じ順番になっているのです。

この事実を認識し、ｉＰＲＥＰを意識してライティングしてみましょう。

11 「どれだけ記事を書けばいいのか」の問題

特に私が多く受ける質問に、「何文字書けばいいのか」「どれくらいの記事数を書けばいいのか」というものがあります。なぜ、こうした質問が出てくるのかというと、それは独りよがりの考えに陥って読者のことを考えていないからではないでしょうか。

たとえば、あなたが友達と楽しく会話しているときに「友達と何のテーマで話せばいいのだろう」「この友人とあと何分話せばいいのだろう」とは思わないはずです。むしろ、こうしたことを考えるほど友達との会話がぎこちなくなります。

きちんと読者を調査すれば、何文字書けばいいのかという問題はクリアされます。サジェストを整理し、ライバルサイトを調査したうえで読者が欲するであろう情報を考えて構成案を作り、そのうえでライティングしていくと、４０００字の記事になることもあれば、６０００字の記事になることもあります。場合によっては、１万字を超えることもあります。読者を一人に設定し、その人が欲する内容を詰め込んだら、それだけの情報量になります。少なくとも、１０００字程度で終わることはありません。

一方、人によっては2万字を超える記事を書く場合があります。しかし、これでは無駄に文章が長いだけです。記事が長くなる理由はすでに述べた通り、読者を一人に絞り切れていないからです。長すぎる文章では、読者は読むのに疲れてしまって、途中で離脱してしまいます。これを避けるため、読者を一人に絞り、最後まで興味をもって読める記事に仕上げなければいけません。

また、「どれくらいの記事数を書けばいいのか」についても、サジェストを整理すれば問題を解決できます。あなたが参入するジャンルのサジェストキーワードを整理し、その結果をもとに記事を書いていくわけなので、たくさんサジェストが出てくる分野では記事数は多くなりますし、サジェストが少ない分野では記事数は少なくなります。

私の場合、60記事ほどで完成するサイトがあれば、５００記事を軽く超えるサイトも存在します。

たとえば、アフィリエイトで男性向け恋愛サイトを作る場合はコンテンツ量が多くなることが多いです。「出会いの探し方」「メールの打ち方」「デートの方法」など、彼らが欲するコンテンツはたくさんあるからです。女性と実際にデートしたら、それがコンテンツになりますし、「看護師を彼女にする方法」「大学生を彼女にする方法」など、読者が求めている内容ごとに記事を増やしていったら、１００記事以上になるのは普通です。

一方、同じ恋愛サイトを作るにしても、不倫に特化したサイトでは必然的に記事数は少なくなります。ネタ切れが起こるため、不倫を極めている人であっても１００記事以上を書くのはかなり困難です。

同じテーマであっても、参入ジャンルによって書くべき記事数は大きく異なります。読者が何を求めているのかを本気で考えていったら、「どれくらいの記事数を書けばいいのか」という質問は出てこなくなります。

なお、サイト運営では、ある程度の記事数がないとアクセスが集まりません。なぜかというと、少ない記事ではそのサイトが何のサイトなのか分からないからです。

たとえば、「恋愛サイト」の記事として「メールの送り方」に関する記事しかなければどうでしょうか。これでは、恋愛の何のサイトか分かりません。ところが、「メールの送り方」の他にも「愛人を探す方法」「バレずにデート」「出会い系・交際クラブの活用」などの記事があるサイトならどうでしょうか？　おそらく、多くの人が不倫サイトだと分かります。不倫という単語を使っていなかったとしても、「メールの送り方」「愛人」「バレずにデート」「出会い系・交際クラブ」などの単語から不倫であると想像できるのです。

サイトはこの考え方で運営していきます。特定のジャンルに特化したサイトを作る必要があるものの、ある程度の記事数がなければ何のサイトなのか分からないのです。

ただ、きちんと有益な記事でサイトを埋めていけば、検索エンジンは「このサイトは不倫に特化しているため、不倫に関することであれば上位表示させよう」と考えてくれるようになり、結果としてアクセスが集まるようになります。

記事を更新していくと、時間経過とともにサイト全体の記事のアクセス数がジワジワと増えていくようになります。サイト運営では網羅性が必要なのです。そのジャンルのことを全て網羅している専門サイトほど、アクセスが集まりやすくなります。

コラム

成果が出ない人の特徴

諦めずに記事を書き続ければ成果が出ることを約束しますが、まれに「いくら記事を書いても、この人が成果を出すことは一生ないだろう」という人に出くわすことがあります。どのような人かというと、単純に人の言うことを聞かない人です。もっといえば、読者のことをまったく考えられない人です。

私は、記事を書くことのアドバイスをメインで指導します。読者を魅了する記事をどのように書けばいいのか教えるのです。しかし、いくら言っても独りよがりで自分目線の記事にする人がいます。

たとえば、記事を書くときに、「濃い内容の記事にするため、1記事は3000字以上にしましょう」とアドバイスしたとします。

本書の内容をきちんと理解した人であれば、「ある記事は5000字になり、次の記事は8000字になり、その次の記事は4000字になる」などのようになります。読者が求めている内容を記事にした結果、5000字や8000字、4000字の記事に仕上がるのが自然です。

ただ、私がアドバイスした人の中には、どの記事も毎回３０００字ほどで仕上げてきた人がいました。しかも、いくら言ってもほぼ３０００字です。

正直なところ、これでは成果は出ません。記事を書く目的が「読者に有益な情報を届ける」ではなく、「何でもいいから３０００字で記事を書く」になっているからです。私が記事作成に対する考え方を改めるよう指導しても直らず、結果としてその人は1年間記事を書き続けたにもかかわらず、まったくアクセスは集まりませんでした。

逆にいえば、このような人以外であれば誰でも成果を出すことができます。少しでも読者のことを考え、有益な情報を提供しようという気持ちのある人であれば、全員が収益化に成功できるのです。「読者の代わりにできるだけ面倒なことを行うからこそ、多くの人がファンになって、収益化できる」ことを忘れてはいけません。

第6章

ネットビジネスで収益化する方法とは

1 サイトのメッセージを一つに絞る

有益な記事を書けばアクセスが集まるようになります。ただ、このとき必ず意識すべきこととして、「サイトのメッセージ」があります。

サイトのメッセージは一つだけです。多くのメッセージを発してはいけません。サイト運営初心者であるほど、多くのメッセージを盛り込み、多くの商品をサイトに置いて売ろうとします。しかし、さまざまな商品を置くほど収益が上がらないサイトになります。

たとえば、アフィリエイトでは自分のテーマに特化した商品以外を売ってはいけません。学生カードのサイトであれば、学生カードだけを紹介します。アンチエイジング化粧品サイトであれば、年齢肌に関わる化粧品だけを紹介します。

ところが、ビジネス初心者であるほどこれを無視します。たとえば、私のクライアントに美白化粧品サイトを作っている人がいるのですが、美白に関する情報発信をしていて、「美白には保湿も重要なので、サイトで保湿クリームも売りたい」「スチーマーを活用すれば、美白化粧品の効果を引き出せるのでスチーマーをサイト上で売ってもいいか」などという質問を受けたことがあります。

当然、全て却下しました。「保湿は美白に最適であり、このとき保湿クリームを使うといい」「美白化粧品の効果を引き出すため、スチーマーは効果的」というコンテンツ記事があるのは問題ありません。しかし、あくまでも美白化粧品を売るためのサイトであり、それ以外を売ってはいけません。理由は単純です。売り上げが激減するからです。

これは、マッチングビジネスやリストマーケティングでも同様です。たとえばマッチングビジネスで留学サイトを作る場合、ゴールは留学エージェントの紹介です。サイトの中で留学エージェント以外に、「この英語アプリを使えば英語が上達する」「英会話サービスを利用するといい」などのように、他の商品を売ってはいけません。あくまでも、サイトのゴールである「留学エージェントの紹介」に絞らないと、ほぼ問い合わせが来なくなります。

なぜ、こうした現象が起こるのかというと、本書ですでに説明した通りです。皮膚にじんましんが現れたとき、総合内科ではなく皮膚科が選ばれます。これと同じように、あらゆる商品を紹介しているサイトでは商品が売れず、特定の商品だけに特化したサイトが選ばれるのです。

これについては、私も過去に失敗しています。かつて、健康に関する総合サイトを作ろうとしたことがありました。

健康の総合サイトであるため、一つのサイトに「糖尿病」「便秘」「不眠症」「ニキビ」「体臭」「薄毛」など、あらゆる分野を詰め込みました。そして情報発信していったところ、かなりアクセスの集まるサイトに成長しました。

ただ、多くのアクセスがあるにもかかわらず、商品が月1~2個しか売れないという残念なサイトになってしまいました。つまり、アクセスがあってもほぼ収益が上がらないのです。

それからというもの、私はアフィリエイトやマッチングビジネス、リストマーケティングを含め、どれも一つのジャンルだけに特化したサイトを構築し、一つの商品だけを紹介することを意識しました。その結果、きちんとアクセスを集めれば、確実に収益が上がるサイトを仕上げられるようになりました。

同じ視点で世の中を見渡してみると、売れている商品であればあるほど、一つのメッセージに絞っていることに気づきます。

たとえば、ベストセラー本はどれも一つのことしか伝えていません。世界的なベストセラーで有名な『金持ち父さん　貧乏父さん』（ロバート・キヨサキ／筑摩書房）であれば、「資産をもてば金持ちになる」というメッセージだけです。

二つ以上のメッセージのある本にベストセラーはありません。その理由は明らかです。

メッセージがブレるからです。

ちなみに本書では、「勝手にお金を生み出すポータルサイトをもてば金持ちになれる」という一つのメッセージしか伝えていません。

これと同じことをサイトでも行います。サイトのゴール（読者にしてほしい行動）を一つに絞り、他の商品は紹介しないようにしましょう。

2 ゴールを明確に意識すれば、記事の方向性が決まる

サイトのゴールを明確にするのは、他にも理由があります。これを意識していないと、変な記事を書くようになってしまうことがよくあるからです。

たとえば、ダイエットサイトは非常に儲かりますが、アフィリエイトでダイエットサイトを作るときは、当然ながらダイエットサプリを売らなければいけません。ダイエットサプリを売ることがサイトのゴールになるのです。

ダイエットに関わるサプリメント・健康食品は、「燃焼をサポートするサプリ」「スムージー」「酵素ドリンク」など多岐にわたりますが、いずれにしてもこれらを売らなければいけません。

ただ、ダイエットの情報を詰め込んだサイトを作るとき、サイトのゴール（メッセージ）を明確にしていないと矛盾した記事を書くことがよくあります。

たとえば、燃焼系サプリメントを売ることに特化したアフィリエイトサイトを構築することを考えます。このとき、記事の内容としては、「どのような栄養を取り入れれば基礎代謝が上がり、痩せられるようになるのか」「運動をどのようにすれば体重が減るのか」などのコンテンツを書く必要があります。

しかし、燃焼系サプリメントを売ることを意識せずに記事を書くとなると、人によっては「糖質制限（ご飯やパンなどを抜く手法）がダイエットに最も効果的」というコンテンツ記事を書くことがあります。この場合、一方では燃焼系サプリメントが最適であり、実際にその商品を売っていながら、他方で「糖質制限が最も確実に痩せる手法」と述べていることになり、サイト内で矛盾することになります。

他にも、薄毛サイトを作るときに、育毛剤（または育毛シャンプー）を売ることをゴールと意識しなければいけないのに、人によっては「育毛剤や育毛シャンプーよりも、医療機関を受診して医薬品を飲むのが最適」という内容の記事を書くことがあります。

薄毛サイトは育毛剤を売らなければ稼げません。医薬品を推奨する記事では世の中の製薬会社や医師たちは儲かりますが、あなたには1円も入ってこなくなります。

サイトで売るべき商品を意識すれば、サイトのメッセージが定まるだけでなく、記事の内容も自ずと決まってくるのです。

3 収益化の動線を作る

記事を作成し、アクセスが集まるようになったら、ようやく収益化の段階に移ります。1日100アクセスあれば、収益化して問題ない段階だといえます。

ビジネスである以上、マネタイズ（収益化）する必要があります。そこで、サイトに「収益化の動線」を作らなければいけません。収益化に必要な動線を設定する方法は、アフィリエイト、マッチングビジネス、リストマーケティングで全て共通しているため、一つのサイトで方法をマスターすればあらゆるサイト運営に応用できます。

実際にどのようにするのかというと、それぞれのコンテンツ記事の下に「成約させたいページ」へ飛ばすための動線を作ります。この動線を専門用語でCTA（Call to Action）と呼びます。ただ、分かりやすくするために、ここでは「成約の動線」をCTAではなく「アクションボックス」と表現します。

収益化するためには、どのサイトでもアクションボックスが必須です。これがない限り、

図9

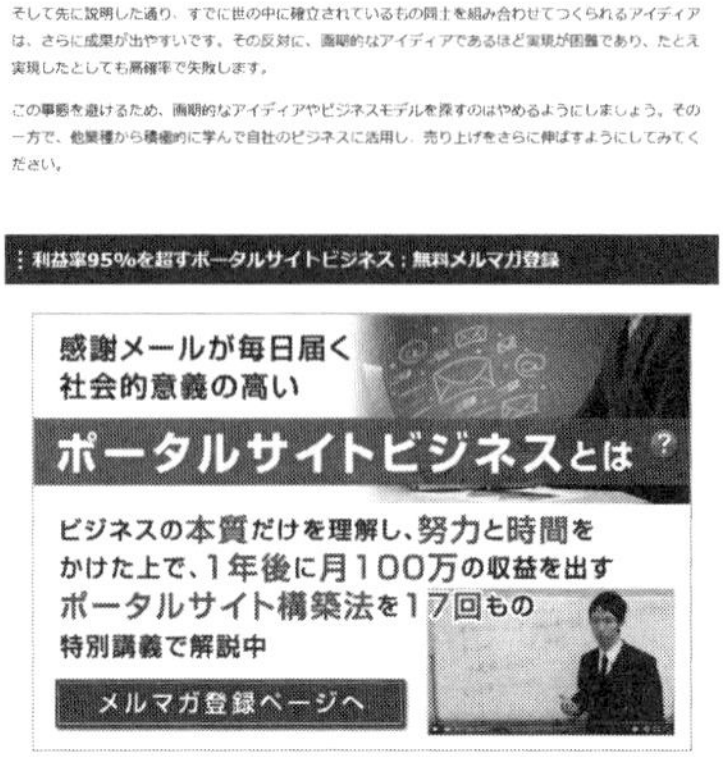

アクションボックス

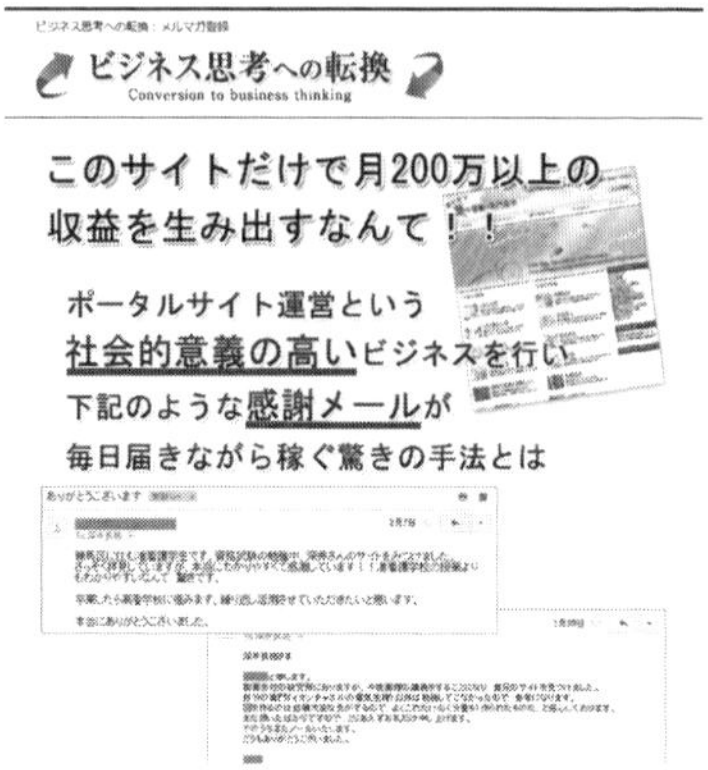

収益化ページ

サイトからお金がほとんど生まれなくなります。

アクションボックスをクリックしたら、収益化させるためのページに飛びます。収益化させるページについて、アフィリエイトでは「売りたい商品のランキングページ」がこれに当たります。マッチングビジネスでは、「自分に問い合わせさせるページ」、リストマーケティングでは「メルマガに登録してもらうページ」が収益化ページです。

例として、私の「ビジネスサイト」での「アクションボックスと収益化ページ」を載せます（図9）。

「ビジネスサイト」では、記事下にあるアクションボックスのリンクをクリックすると収益化ページ（メルマガ登録ページ）に移動します。ここにメールアドレスを登録すると、私のメルマガを読めるようになります。

なお、全記事で同じアクションボックスが表示されるようにすれば問題ありません。記事ごとにアクションボックスを変える必要はなく、全記事で同一のアクションボックスにするといいです。

それでは、なぜアクションボックスが必要なのでしょうか？

たとえばアフィリエイトであれば、全ての記事下に商品紹介をすれば問題ないように思えます。マッチングビジネスやリストマーケティングでも、記事下に問い合わせやメルマガ登録の動線を作ればいいような気がします。

ただ、それでは成約しません。まず、大原則としてサイト上では売り込みをしてはいけないということがあります。売り込みをするほど、読者は逃げていくからです。

読者がなぜネット検索するのかというと、情報を探しているからです。決して、商品を買うためではありません。売り込み文句の激しいサイトからはすぐに離脱していきます。

たとえば、サイト上に「この商品は最高です。買わないあなたはバカです。今すぐ購入してください」などのような文章があったらどうでしょうか。おそらく、「このサイト運営者は頭がおかしいのではないか」と考えて離脱するはずです。

これは極端な例ですが、いくら有益な記事であったとしても、記事下にダラダラと長い売り込み（商品紹介）があると読者は身構えてしまいます。その結果、商品が売れず、問い合わせやメルマガ登録がなくなります。

商品紹介の部分はサラッと行う必要があります。下手に売り込みをするとサイトの売り上げを逃してしまいます。

しかしだからといって、情報量が少ない状態（サラッと紹介する程度）では商品は売れません。

本当によい商品であるなら、読者は喜んでお金を支払います。ただ、その商品がよいかどうか分からない段階では、読者は「お金を払わない（サービスに申し込まない）」という選択をします。

そこで、たとえば腸内細菌サプリを売りたいのであれば、腸内細菌サプリの特徴をメーカーごとにランキング形式で詳しく紹介しなければいけません。また、メルマガ登録してもらいたいのであれば、メルマガの中でどのような有益な情報を提供しているのか登録ページで解説する必要があります。

これらを詳細に載せることにより、ようやく読者は商品を購入したり、サービスに申し込んだりするようになるのです。

4 アフィリエイトでの成約の動線

それでは、アフィリエイトではどのようにして成約の動線を作ればいいのでしょうか。具体例を出しながら、アフィリエイトの収益化について確認していきます。

アフィリエイトの場合、成約ページはランキングページになります。他人の商品を紹介するため、いくつかの商品をランキング形式にするのです。たとえば青汁サイトの場合、1位から3~5位までで各メーカーの青汁をランキングにしていきます。クレジットカードサイトであれば、同じようにおすすめのクレジットカードをランキングで紹介します。

私の薬剤師転職サイトの成約ページでは、薬剤師に特化した転職エージェントをランキング形式で紹介しています。アクションボックスをクリックすると、図10のようなランキングページに飛びます。

全ページに同じアクションボックスがあるわけですが、アクションボックスをクリックすると必ずこのランキングページに飛ぶようにしています。もし、転職したい薬剤師がこのページ経由で転職エージェントに登録した場合、私にアフィリエイト報酬が入るようになります。

図 10

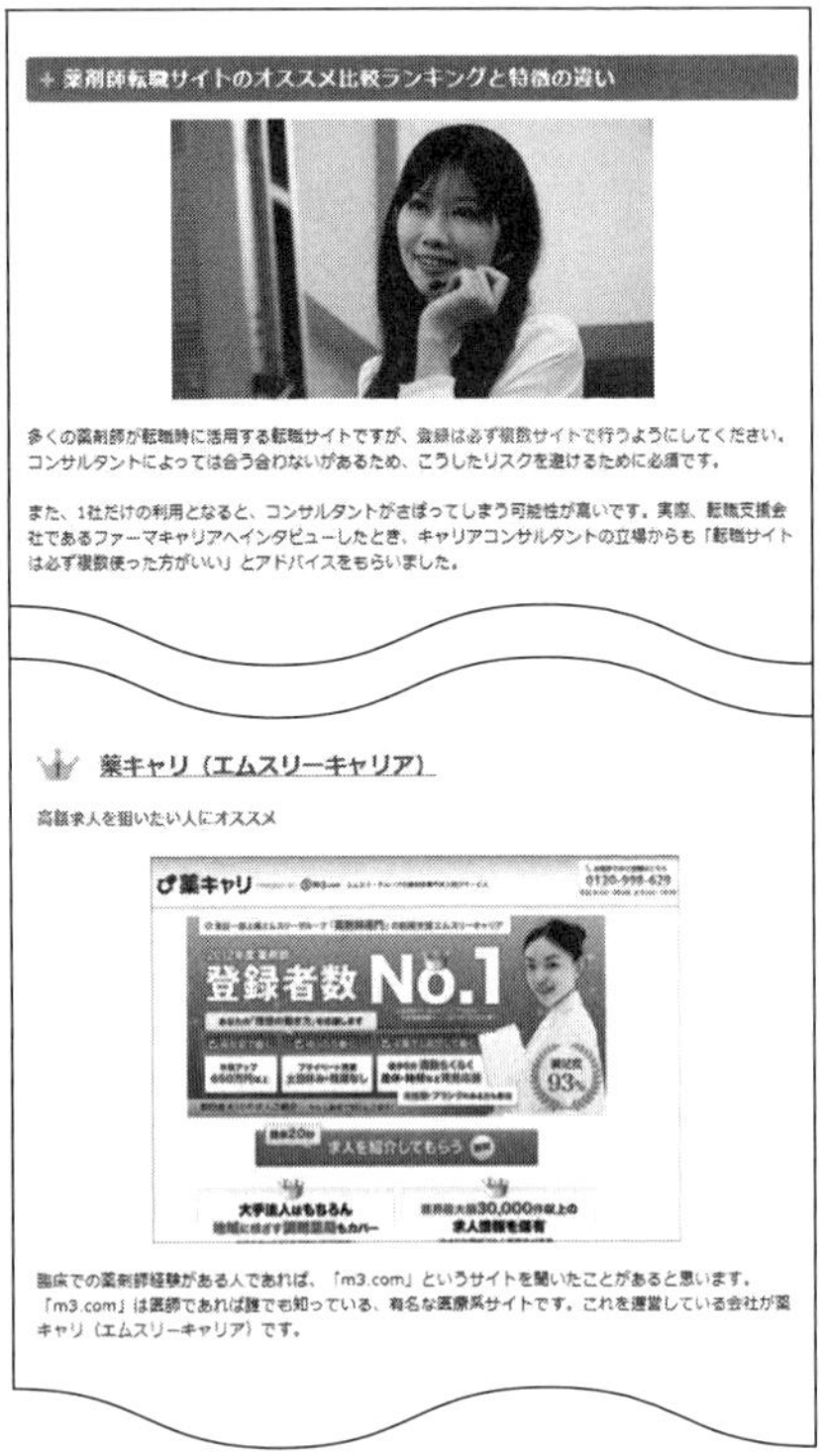

＋薬剤師転職サイトのオススメ比較ランキングと特徴の違い

多くの薬剤師が転職時に活用する転職サイトですが、登録は必ず複数サイトで行うようにしてください。コンサルタントによっては合う合わないがあるため、こうしたリスクを避けるために必須です。

また、1社だけの利用となると、コンサルタントがさぼってしまう可能性が高いです。実際、転職支援会社であるファーマキャリアへインタビューしたとき、キャリアコンサルタントの立場からも「転職サイトは必ず複数使った方がいい」とアドバイスをもらいました。

薬キャリ（エムスリーキャリア）

高額求人を狙いたい人にオススメ

臨床での薬剤師経験がある人であれば、「m3.com」というサイトを聞いたことがあると思います。「m3.com」は医師であれば誰でも知っている、有名な医療系サイトです。これを運営している会社が薬キャリ（エムスリーキャリア）です。

マイナビ薬剤師

知名度とブランドにより、大企業との繋がりが強い

リクルートグループが運営する薬剤師専門の転職サイトです。学生なら誰でも知っている「マイナビ」を運営している総合人材派遣の最大手会社です。

その強みは大手薬局から病院、製薬企業など、グループの強みを活かした幅広い企業を紹介してくれる点にあります。企業名が広く知られており、ブランドや信頼という意味では安心して利用できる薬剤師転職サイトです。

中小企業や地方の薬局・病院は弱いですが、大企業とのつながりが強いため、大手企業へ行きたい場合はマイナビ薬剤師がオススメです。

他の転職サイトに比べると、格段に大手へ転職しやすいのがマイナビ薬剤師です。

なお、住んでいる場所によって面談まで実施してくれないかもしれませんが、転職者の希望を聞き出して要望に応えることについてはコンサルタントの質も高いので心配しなくていいです。

それでは、適当にランキングを作って紹介しているのかというと、当然ながらそんなことはありません。意味があって紹介するサービスを選んでいます。

ランキング形式で紹介する場合、同じ商品（または非常に似た商品）を紹介してはいけません。それぞれの商品ごとに異なる特徴を打ち出して紹介する必要があります。

たとえば転職サイトであれば、「1位の転職エージェントは必ず転職希望者と面談し、最も親密に相談に乗ってくれる」「2位の転職エージェントは地方に特化しており、首都圏以外の人におすすめ」「3位の転職エージェントはメールでのやり取りが基本であり、求人票だけで転職先企業を選びたい人におすすめ」という具合になります。

保湿化粧品であれば、「1位の化粧品は私が試した中で最も合っており、一番おすすめできる」「2位の化粧品はオーガニック化粧品でもあり、敏感肌女性におすすめ」「3位の化粧品は値段が安く、保湿をしたいが少しでもコスパのいい化粧品を使いたい人にいい」などのようになります。

アフィリエイトで商品紹介するとき、多くの人は似たような説明をします。特に理由などをつけないで、適当に商品のランキングをつけて商品・サービスを紹介しています。ただ、これでは売れないサイトになります。

お客様によって立場は異なり、求めているサービスも違います。これを理解すれば、サイトで商品紹介するときは、それぞれ違った角度で説明するのが当然だといえます。商品やサービスごとの特徴を把握し、何が違うのかを読者（お客様）の代わりに分析することに大きな価値があります。

なお、先ほどの薬剤師転職サイトのランキングページにはないですが、アフィリエイトでは「商品紹介ページ」を作ることがよくあります。これは何かというと、それぞれの商品についてより詳しくレビューするページになります。

たとえば、保湿化粧品サイトで、「1位、私が使って最もよかった化粧品」「2位、敏感肌女性にいい化粧品」「3位、コスパ重視の化粧品」というランキングページを作ったとします。読者は、商品を購入する段階になると、「2位の敏感肌で使える保湿化粧品に興味があるため、この化粧品の詳細な情報をもっと知りたい」などのように考えます。そこで、企業の公式サイト（商品を購入できるページ）へのリンクの他に、商品紹介ページも用意するのです。

例として、ダイエットサプリメントで「商品紹介ページ」と「公式サイト」の二つのボタンがある図11を示します。これと同じように、それぞれの商品・サービスについて詳しく解説したページがあるとより親切になります。

アフィリエイトで紹介する商品・サービスの数は、3～5アイテム以内が適切です。6

図 11

1 デュアスラリア

「燃やす」「抑える」のバランス型ダイエットサプリ

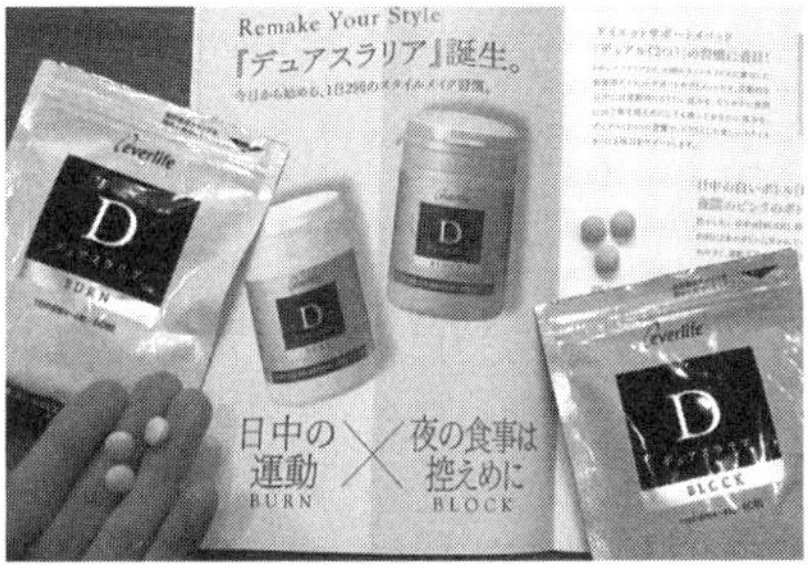

「燃やしたい日中」と「抑えたい夜間」という、2つの異なる錠剤を組み合わせたバランス型のサプリメントがデュアスラリアです。2種類の粒を組み合わせるという、他とは少し違ったサプリメントです。

特にダイエットでは、停滞期にやめてしまうとその後にリバウンドが待っています。リバウンドでは体重や体脂肪が元の状態に戻ってしまうため、運動や食事管理と併用してデュアスラリアを活用すると効果的です。

商品紹介ページへ

商品を詳しく解説したページ

公式サイトへ

公式ページ（商品購入ページ）

アイテム以上は多く、無駄に商品があると読者は「どれを選べばいいのか分からない」と考え、あなたのサイトから商品を買わなくなります。

紹介する商品は5アイテム以下に厳選するようにしましょう。実際のところ、売り上げは上位3アイテムに集中するので商品数は少なくても問題ありません。

5 マッチングビジネスでの成約の動線

マッチングビジネスでの成約の動線はむずかしくありません。

マッチングビジネスのゴールは自分への問い合わせです。また、「優良業者を紹介する」というメッセージを投げかけるだけです。このとき、アフィリエイトのように複数の商品を紹介するわけではありません。そのため、自分へ問い合わせが来るように、一つのメッセージを投げかけることになります。「成約させたいページ」へ飛ばすための動線（問い合わせを受けるための仕掛け）はアフィリエイトに比べて簡単です。

マッチングビジネスでも、アフィリエイトと同じように、全記事の下にアクションボックスを設置します。アクションボックスのリンクをクリックすると、問い合わせのためのページ（成約ページ）が開かれるようにします。

たとえば私は出版コンサルに関するマッチングビジネスをしています。出版実績のない著者が本を出すとき、最も効率的な方法は出版コンサルの人にお願いすることです。自分で努力してもいいのですが、これでは何年経っても本を出せません。それなら、出版業界ですでに実績のある人にお願いして、出版社を紹介してもらい、段取りを組んでもらったほうが圧倒的に楽です。

実は本書の出版も藤田さんという出版コンサルの方を介して行いました。彼は非常に優秀な出版コンサルタントであり、出版コンサルを依頼した1週間後には、企画書を出版社に送っていただき、出版社の企画会議を経て、最初に面談したその場でビジネス書の出版が決定しました。

私が本を出すのはこれが最初ではありません。以前に薬に関する本を出しています。そのときも藤田さんに出版コンサルをお願いし、依頼して2週間ほどで出版社とセッティングしてもらい、その半年後に初出版したという経緯があります。

こうしたことから、私は彼と業務提携することにしました。私が書籍出版に関する記事を書き、アクセスを集めます。そうすると書籍出版に興味のある人がアクセスしてくるため、記事の下にアクションボックスをつけます。アクションボックスのリンクをクリックすると、藤田さんに出版コンサルを依頼するためのページが出てきます。実際にどのようになっているのかについては、図12で示しました。

出版したい人がこのページ経由で応募した場合、「応募者が来ました」というメールが私と藤田さんに同時に送られます。あとは、藤田さんが応募者へ電話やメールをするのですが、もし出版コンサルへの申し込みが決まった場合は、紹介料としてあとで藤田さんか

図 12

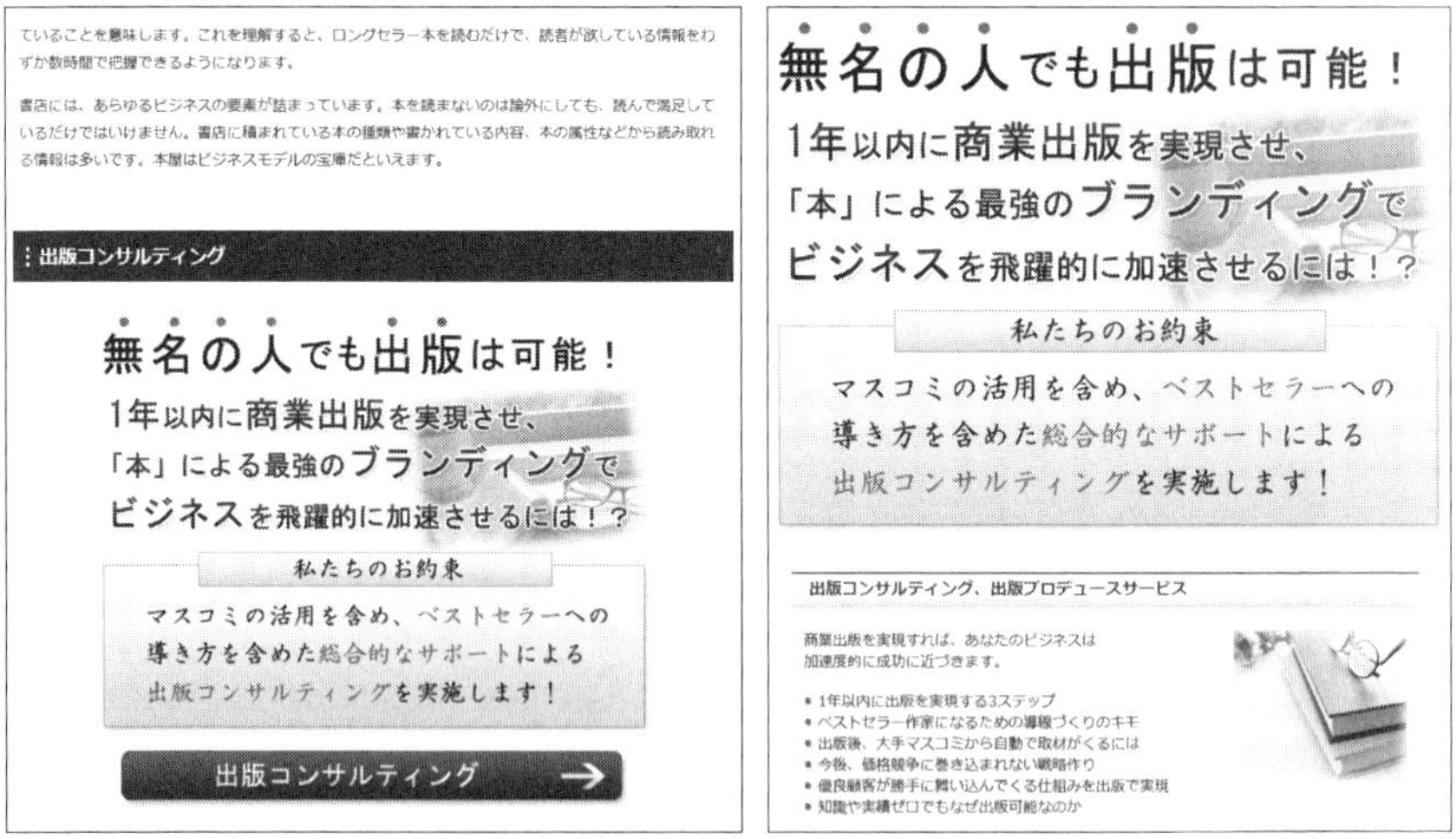
ていることを意味します。これを理解すると、ロングセラー本を読むだけで、読者が欲している情報をわずか数時間で把握できるようになります。
書店には、あらゆるビジネスの要素が詰まっています。本を読まないのは論外にしても、読んで満足しているだけではいけません。書店に積まれている本の種類や書かれている内容、本の属性などから読み取れる情報は多いです。本屋はビジネスモデルの宝庫だといえます。
出版コンサルティング
無名の人でも出版は可能！
1年以内に商業出版を実現させ、
「本」による最強のブランディングで
ビジネスを飛躍的に加速させるには！？
私たちのお約束
マスコミの活用を含め、ベストセラーへの
導き方を含めた総合的なサポートによる
出版コンサルティングを実施します！
出版コンサルティング
無名の人でも出版は可能！
1年以内に商業出版を実現させ、
「本」による最強のブランディングで
ビジネスを飛躍的に加速させるには！？
私たちのお約束
マスコミの活用を含め、ベストセラーへの
導き方を含めた総合的なサポートによる
出版コンサルティングを実施します！
出版コンサルティング、出版プロデュースサービス
商業出版を実現すれば、あなたのビジネスは
加速度的に成功に近づきます。
• 1年以内に出版を実現する3ステップ
• ベストセラー作家になるための導線づくりのキモ
• 出版後、大手マスコミから自動で取材がくるには
• 今後、価格競争に巻き込まれない戦略作り
• 優良顧客が勝手に舞い込んでくる仕組みを出版で実現
• 知識や実績ゼロでもなぜ出版可能なのか

ら私にお金が振り込まれるようになります。

では本題に戻りますが、マッチングビジネスの成約ページ（問い合わせを受けるページ）では、どのようなことを書けばいいのでしょうか？　それは次のような内容になります。

・サービスを活用するメリットや特徴
・運営者（またはサービス提供者）のあいさつ
・お客様の声
・よくある質問
・問い合わせフォーム

何か特別なことを書くわけではありません。友人に対して何かおすすめのサービスを対面で紹介するときと同じです。たとえば、次のようになります。

「以前、出版したいと言っていたよね？　私はすでに出版したことがあるけど、このときはコンサルの人にお願いしたんよ。そうしたら、1週間ほどで出版社を紹介してもらい、その場で本を出すことが決まっちゃった。自分で出版社を探してもいいけど、これでは何年もかかるから出版コンサルの人に頼むといいよ（サービスを活用するメリットや特徴）。

私がお願いした人は藤田さんという人でさ、基本はお酒大好きの酔っぱらいで朝まで飲んでいる人だけど、仕事の腕は確かなのは保証するよ（サービス提供者のあいさつ）。

私以外にも、彼は何十人ものコンサル実績があって、その中には発行部数50万部の実用書があったり、20万部売れたノンフィクションまで手がけていたりするから、すごい人だよ（お客様の声）。

ただ、お金を出せば必ず出版できる自費出版ではなく、商業出版だから企画が通らなければダメだし、100パーセント出版できるものではないことは理解しないといけないんだよね。しかし、文章を書いたことがないという不安は大丈夫。ゴーストライターにお願いする方法があるから、これについては問題ないかな（よくある質問）。

出版する場合、出版コンサルをお願いするのが一番効率的だと思うから、本当に出版したいのなら出版コンサルの人を紹介するよ（問い合わせフォーム）」


かなり簡潔に書きましたが、要は問い合わせを受けるページにこのような内容を書いておけばいいのです。むずかしく考える必要はありません。どうすれば対面で人にうまく伝わるのかを考えながら作ればいいです。

ネットビジネスというと、パソコンを相手にしているように捉える人がいますが、文章を読むのはあくまで人間です。人間を相手にする以上、会話をするときと同じように順序だてて話を組み立てていけばいいのです。

なお、ビジネスの開始直後は当然ながら「お客様の声」が存在しませんから、最初は省いて結構です。ただ、お客様の声は非常に重要な部分であるため、ある程度ビジネスがうまく回ってきたときには「お客様の声」を入れるように頑張りましょう。

6 リストマーケティングでの成約の動線

リストマーケティングでネットビジネスをする場合、サイトのゴールはメルマガ登録になります。メルマガ登録後、セミナーに呼び込んだり、ネット上の塾サービス（通信教育）に申し込んでもらったりしてマネタイズしていきます。

メルマガ登録してもらうにはどうするかというと、アフィリエイトなどと同じように、全記事の下にアクションボックスを作ります。アクションボックスをクリックしたら、メルマガ登録ページに飛ぶようにするのです。

しかし、メルマガ登録を募集するといっても、読者はそんな簡単に自分のメールアドレスを登録してくれません。メールアドレスは個人情報の一つであるため、それを軽々とサイトに登録しようとは思いません。

そこでどうするかというと、特典を用意します。

キーワードは「たったワンクリック」です。メルマガ登録ページに飛んだあと、自分のメールアドレスを入力し、「たったワンクリックの操作」をするだけで「これだけすごい特典を入手できるのか！」と読者に思わせる必要があります。

私の「ビジネスサイト」では、ポータルサイトビジネスを構築するうえで必要となる情報を動画で解説し、それをメルマガの特典にしています。メルマガ登録者にだけ、サイト運営で必須となる考え方やビジネス手法を全て動画で見られるようにしているのです。

メルマガ登録してもらうためには、最高の特典を用意しなければいけません。多くの人は、無料だからと本当に無料程度の特典を差し出します。たとえば、「30ページのＰＤＦをプレゼント」「全8回のメール講座を開催」などです。

しかし、このような低レベルの特典で読者がメルマガ登録してくれることはありません。サイト上で知識を全公開しているのと同じように、メルマガでも圧倒的な「無料」を提供する必要があります。

リストマーケティングでビジネスをするときは、「無料公開するもの（サイト上に公開する内容、メルマガの特典など）」「セミナー」「教材販売」など、さまざまなものを駆使します。その中で最も力を入れるべきものは何かというと、無料で公開する内容になります。無料公開している内容が優れているほど、多くのファンが集まってビジネスで収益が上がるようになります。

たとえば、スーパーの試食コーナーで食べたウインナーがまずければどうでしょうか。絶対にその商品を買うことはないと思います。それに対して、試食で食べたウインナーが絶品で、さらには値段も手頃で、「ぜひとも家族にもこのおいしさを伝えたい！」と思うから商品を購入するのです。

これと同じ現象はスーパーだけでなく、ネット上でも起こります。サイトやメルマガで最高の「無料」を提供することで読者を感動させれば、「ぜひともこの人からもっと学びたい」と思ってもらえるようになります。実際、セミナー募集をすれば遠方からでもセミナー会場に駆けつけてくれますし、ネット上で通信教育の塾を開催したときは迷わずに申し込んでくれるようになります。

一方、無料だからといって無料程度の内容を提供すると読者は落胆します。「このサイト運営者の実力はこの程度」と考え、あなたのお客様になることはありません。

多くの人は「無料」に力を注ぎませんが、人の行動を注意深く観察し、どのようにビジネスをすれば人を感動させることができるのかを突き詰めれば、本当に力を注ぐべきは「無料」だということに気がつきます。

コラム

一人の人間を想定すれば、ジャンルを絞れる

サイトテーマを絞り、売る商品を1種類だけに絞るというとき、サイトの方向性を間違える人がいます。

たとえば、臭いに関するサイトを作るとします。このとき同じ臭いであっても体臭サイトと口臭サイトはまったく別物であり、サイトテーマを分けなければいけません。この理由が分かるでしょうか。

まず、ワキガなどの体臭に悩む人はどのような人でしょうか。また、ワキガの人は体臭を解決するためにどのような商品を使うでしょうか。答えをいうと、ワキガの人は体臭クリームを用います。ワキなど体臭が発生する部分にクリームを塗ることで、臭いを取り除こうとします。

一方、口臭に悩む人はどのような商品を使うでしょうか。まさか、体臭クリームを歯に塗り込むようなことはしません。口臭のある人は口臭専用の歯磨き粉を購入し、これによって口臭を取り除こうとします。

体臭や口臭はどちらも収益が上がる分野ですが、売る商品がまったく異なります。

そのため、同じ臭いのテーマを取り扱っていたとしてもまったくの別物になります。

同じように、妊娠女性に向けて情報発信するとき、売る商品としては葉酸サプリ（胎児に必要な栄養素を補給するサプリメント）と妊娠線クリームがあります。ただ、葉酸サプリは健康な赤ちゃんを産むための商品である一方で、妊娠線クリームは妊娠女性の美容に関する商品です。つまり、メッセージがまったくもって異なります。

葉酸サプリサイトの場合、「妊娠中の栄養」「胎児が健康に育つための秘訣」などの記事を詰め込む必要があります。この場合、読者は胎児の健康状態を気にしているので葉酸サプリは買うものの、妊娠線クリームを購入する確率は低いです。

一方、妊娠線クリームの場合、「妊娠中の肌トラブルの解消法」「妊娠線を残さないケア方法」など美容の記事だけに特化する必要があります。美容意識の高い妊婦であれば、葉酸サプリは買わなくても妊娠線クリームを購入する確率が非常に高いです。

このように参入するジャンルを決定したのち、ターゲットとなる人（あなたのサイトで売っている商品を欲する人）が必要とする記事は何かを考えると、書くべき記事や検索するサジェストキーワードが明確に決まってくるようになります。

第7章

サイト運営で永久に稼ぎ続ける

1 自分の媒体でなければビジネスが破綻する

ここまで解説したことをコツコツと実行すれば、1年後には収益化に成功することができます。数年後には成功者の仲間入りを果たし、「月100万円稼げたら今の生活が劇的に変わるのではないか」と夢見ていた頃が懐かしくなるでしょう。

ただ、ビジネスで重要なのは稼ぎ続けることです。一瞬だけお金が入ってきても、意味がありません。継続してお金を得ることが最も重要であり、最もむずかしいことでもあります。

永久に稼ぎ続けるうえで、必ず意識すべきことがあります。それは、自分の媒体を育てることです。

何を当たり前のことを言っているのかと思われるかもしれませんが、意外とネットビジネスでこれを実行できていない人が多いのです。

たとえば、あなたがサイト運営をするとき、どのようにサイトを開設するでしょうか。無料ブログなど、全て無料で可能な方法を考えてはいないでしょうか。

残念ながら、完全無料でサイトを構築した場合、それはあなたの資産ではありません。

なぜなら、将来消える可能性があるからです。

たとえば、日本の無料ブログで有名なものに「アメブロ」があります。アメブロを活用して情報発信している人は多いですが、ビジネス目的の場合は今すぐやめたほうがいいです。なぜなら、アメブロは他社サービスの一つであり、ビジネス利用が禁止されているので、あるとき突然ブログを消される可能性があるからです。

実際、過去にはアメブロを消されたために、翌日から無収入になる人が続出したことがありました。他人の媒体というのは、資産サイトではないのです。

そのため、サイト運営をする場合は自分で独自ドメインを取得し、自らレンタルサーバーを借り、自分のサイトとして情報発信しなければいけません。自分の管理下にサイトを置けば、あるとき急に削除されることは起こりません。ビジネスである以上、リスクヘッジが必要です。永久に稼ぎ続けるためには、自分の媒体をもつ必要があります。

これと同じで、SNSや動画共有サイト（YouTubeなど）でどれだけ人気であったとしても、それは資産ではありません。これらはGoogle社など他人のサービスを借りているだけだからです。

どれだけSNSやYouTubeの人気者であったとしても、突然アカウントが停止になることはよくあります。実際、私の知り合いには、「利用規約違反です」という警告とともにＹｏｕＴｕｂｅアカウントを一方的に消された人がいました。その人はＹｏｕＴｕｂｅだけの収益に頼っていたため、翌日から収入がなくなりました。

こうしたリスクがあることを考えると、無料ブログやＳＮＳを含め他人の媒体に頼っていてはいけないということが分かります。一見するとＳＮＳでの人気者はずっと収益が上がるように思えますが、翌日から食べられなくなるリスクがあることを認識しなければいけません。

ですから、自分のウェブサイトをもつ必要があります。自分のウェブサイトをもって有益な情報発信をして収益が上がるようになれば、半永久的に収益に困らなくなります。少なくとも、明日から無収入になることはありません。

ビジネス目的でサイト運営を開始することは、起業と同じです。たとえビジネス経験がなかったとしても、経営者の仲間入りをすることになります。ビジネスをして稼ぐのであれば、一人前の経営者として行動しなければいけません。

つまり、今の自分の行動で将来も稼ぎ続けられるかどうかを考えなければいけないのです。少なくとも、情報商材を売ったり、スパム行為を繰り返したりする人では、数年後にネットビジネスの世界から消えているでしょう。また、無料ブログやＳＮＳのように他人の媒体に依存している状態では、将来も稼ぎ続けられるかどうかは分かりません。

2 優良コンテンツは一生なくならない

このように考えると、なぜ有益な情報発信をすることが重要なのか理解できるようになります。

いつの時代も絶えず技術革新があるわけですが、コンピューターの発達によって消えた職業はたくさんあります。これに伴い、今後も技術革新によって消える職業がたくさん現れるとされています。しかし、有益な情報媒体は消えません。なぜなら、情報を探すのはいつの時代も「人」だからです。情報を探し、何か商品やサービスが欲しいと思う人間は消えません。

たとえば、機械は恋をすることがありません。恋愛で悩み、そのための情報を探すのは人間です。人間であるからこそ、どのようにすれば恋人ができるのかを考え、出会いの場所を探すのです。いくらコンピューターが発達したとしても、有益な恋愛サイトを求める人間がいなくなることはあり得ません。

同じように、機械が便秘で悩むことはありません。毎朝、排便できないことで苦しみ、この問題を解決するために腸内細菌サプリを飲もうとするのは機械ではなく人間なのです。

どの時代であっても、便秘のときに腸内細菌サプリを欲する人がいなくなることはありません。

こうした事実を考えたとき、なぜサイト運営で半永久的に収益が上がるのか理解できるのではないでしょうか。ビジネスで収益が上がるジャンルは大昔から存在することを説明しましたが、今から100年以上前からある分野であれば、当然ながら100年後もなくならないと予想できます。そうしたレッドオーシャンの分野で収益化させることができれば、今後困ることはなくなります。

3 時間がサイト運営の最大のリスク

サイト運営のビジネスにはリスクがないことを解説しました。ただ、このときのリスクとは金銭的リスクのことです。実際、サイト運営ではお金がほとんどかかりません。収益化に成功すれば、非常に利益の大きいビジネスです。

しかし、サイト運営では「時間」のリスクがあることを忘れてはいけません。1年間、成果が出ないことを説明しましたが、これは時間のリスクです。

たとえば、目の前に100万円があったとしても、1年後の価値はどうなっているでしようか。実は、「現時点の100万円」と「1年後の100万円」は価値がまったく異なります。

ビジネスが上手な人であれば、100万円を事業投資に回せば1年後に1000万円にすることが可能です。また、株式投資家などであれば、年利10パーセントで運用して1年後に110万円にすることができます。このように考えると、現在価値（今の100万円）と将来価値（将来の100万円）は価値がまったく異なるのです。

ビジネスにおいては金銭リスクだけでなく、時間がかかることもリスクと捉えます。サイト運営では、時間のリスクが極端に大きくなると考えてください。

リアルビジネスであれば、知人の紹介や広告を活用することで、1カ月以内に大きな成果を出すことが可能です。

たとえば不動産投資などでは、最初に借金をしてお金をつぎ込んだのち、住む人さえ見つかれば、その時点で家賃収入が入ってくるようになります。つまり、ネットビジネスとは逆に「金銭的リスク」が大きく、「時間のリスク」がほぼないといえます。

ビジネスでは、「お金をかける」または「時間をかける」のどちらかを選択しなければいけません。

もちろん、お金と時間の両方をかければ、それだけリターンも大きくなります。ただ、最初から両方をかけることは現実的にむずかしいため、お金か時間のどちらか一方だけをかけてビジネスを行う必要があります。

その中でも、「ポータルサイト運営では時間をかけなければいけない」ことになります。金銭的リスクなしに、時間もかけたくないという人は多いですが、それは不可能です。成功には痛みが必要です。痛みという代償なしに成功はありません。

なお、私の場合はお金のリスクを取りたくなかったため、時間のリスクを取ってサイト運営をしました。最初は大変で、年単位の時間は必要になったものの、一度頑張れば不労所得になるという手法を選んだのです。

ところで、結果が出るまで時間はかかりますが、この事実をプラスに考えてはどうでしょうか。

あなたがサイト運営をして年単位の時間をかける必要があるということは、ライバルも同じように年単位の時間がかかることを意味します。もし、先に最高レベルの揺るがないサイトを完成させることさえできれば、ライバルは手をつけることができなくなります。

本当の意味で1次情報や2次情報をかき集めているサイトは非常に少ないです。これは、私が新サイトを構築しても問題なく収益化できる理由の一つです。本当の意味で有益な情報発信をするサイトを完成させれば、あとはあなたの独壇場となります。

成果が出るまで時間がかかるというと、多くの人はマイナスに捉えます。しかし、これは半永久的に不労所得という甘い蜜を吸い続けられるチャンスでもあるのです。

4 サイトを作れば実績になる

ビジネスでは、「実績ゼロでは最初は誰でも苦労することが多い」と一般的に考えられています。実績がないため、どの会社も業務提携しようと考えないのです。

しかし、サイト運営を入口に考えれば実績ゼロの状態を簡単にクリアできるようになります。サイトが存在し、アクセスがあり、実際に集客できているということ自体が実績になるからです。

たとえば、工事のマッチングビジネスを考えて地元の工務店と業務提携するとき、普通であれば話すら聞いてもらえません。しかし、サイトを運営して集客できるようになればどうでしょうか。実際にお客様から問い合わせを受けた段階で、「今お客様から問い合わせが来ていて、御社の地域で提携している工務店様がいないので、工事を依頼したいお客様を無料で紹介することは可能でしょうか」と伝えるだけで、むしろ工務店は前のめりになって話を聞いてくれるようになります。

私は営業経験があるわけではなく、滑舌が悪く、コミュニケーション障害でもあります。知らない相手に対してゼロの状態から信頼関係を築き、営業するなど私には無理です。しかし、サイト運営でお客様が実際にいる状態にもっていくことで、問題なく企業と業務提携できました。

さらにいえば、サイト運営をきちんとすれば、出版やテレビ出演など、普通の人では不可能なことまで実現できてしまいます。もちろん、顔出しをしたくない人はマスコミに出る必要はないです。ただ、こうしたことまで可能になるということです。

実際、私はすでに出版していますし、テレビ出演したこともあります。ラジオ、新聞、雑誌にも何回も出たことがあります。もちろん、広告を出して出演したのではなく、相手から出演料をもらいながらこれらの媒体に出ました。

出演依頼が来たとき、私はいつも、「なぜ他の人がいるのに私に依頼してきたのか」と聞くようにしています。そうすると、ほとんどのケースで「サイト運営をきちんとしている方だったから」という答えが返ってきます。

今の時代、出演者を探したり取材する人をピックアップしたりするとき、マスコミ関係者の人もインターネットを活用して検索します。そのとき、ネット検索すると私のサイトが上位表示されることが多く、「この人にぜひとも依頼しようと思った」と回答してくれるのです。

サイトは実績作りに非常に最適です。また、すでに実績のある人であっても、ポータルサイトはさらにビジネスを円滑に回すツールになります。集客できるだけでビジネスが圧倒的に行いやすくなるのです。

5 外注を活用する

こうしてサイト運営をして収益が上がるようになったら、最終的にはサイト作りを外注することを考えてください。

いってしまえば、自分の時間は有限です。1日24時間しか与えられていません。この中でより高いパフォーマンスを発揮するためには、他人の時間を借りるしかありません。そこで、「記事を外注する」または「社員を雇って記事を書かせる」のどちらかを選択することを意識しなければいけません。どちらがいいのかは人によって異なりますが、私は記事の作成を外注メインで行っています。

しかも、他人に記事を書かせたほうがあらゆるジャンルを攻めることができます。

前述の通り、私は健康系かビジネス系のサイト作りがメインです。ただ、健康系といっても私は男性なので、化粧品に関する記事は書けません。そこで、今お願いしている女性のライターさんは、化粧品会社の研究職という経験があることから、その人に化粧品サイトを作ってもらっています。

優秀なライターを活用すれば、自分では攻めることのできないジャンルにまで幅を広げられるようになるのです。

では、どうやって優秀なライターを集めるのでしょうか？　最も有名な方法に、クラウドソーシングがあります。クラウドソーシングとは、ネットを介して業務を外注する仕組みです。要は、ネット上に「ライターとして活躍したい」という人がたくさんいるため、その人に記事作成をお願いするのです。

ただ、私の経験上、記事作成をクラウドソーシングするのはおすすめしません。高確率でゴミ記事が出来上がるからです。そのため、私は記事を外注するときにクラウドソーシングを利用することはありません。

それでは、どこで優秀なライターを見つけているかというと、自分のサイトからです。たとえば、私の薬学サイトやビジネスサイトには「ライター募集」のページがあります。ここから、ライターとして活躍したい人が応募してきてくれます。その中にはライター経験のない素人の方も多いです。ただ、未経験ライターであっても、自分のサイトから応募してきてくれた人のほうが圧倒的に優れた記事を書いてくれます。

注意点としては、応募してきた人の中で優秀な人は2割以下だということです。

私が判断する優秀の基準は、「継続して記事を書いてくれるかどうか」だけです。本書で記した注意点に沿って指導すれば、ライター経験のない人であっても、最終的には全員が高品質の内容を書けるようになるのですが、途中で離脱されると、それまでの指導が全て無駄になります。また、サイトには網羅性（多くの記事数）が必要なため、たくさんライティングしてくれる人のほうがいいです。

そのため、専属でライターを続けてくれる人が必要になるのですが、応募者の中で実際に記事を書いてくれる人は4割程度です。ほとんどの人は応募したにもかかわらず、記事すらアップしてくれません。さらに記事をアップしたとしても、1〜2本の記事の提出で終わる人が非常に多いです。1年以上、継続して毎月記事を書き続けてくれる人となるとさらに限られます。サイト経由で応募してくる人の中でも、優秀なライターは非常に少ないのです。

その人が優秀かどうかは、応募してきた段階では分かりません。口では「頑張ります！やれます！」と宣言していたとしても、まったく記事を書かず音信不通になることはよくあります。そのため、実際に仕事をお願いしてみなければ優秀かどうかは判断できません。

ただ、応募してきた人の中で2割以下しか優秀な人が残らないとしても、あなたのサイト作成を手伝ってくれる最高のライターと組むことができればそれでいいのではないかと思います。

より収益を上げて成果を出し続けるためには、外注という思考が必要です。このとき、「記事を外注する」または「社員を雇って記事を書かせる」という二つの方法がありますので、これを意識してさらに資産サイトを増やすようにしましょう。

6 金持ちへの幻想を解く

ここまでの内容を実践すれば、誰でもかなりの収益が上がるようになります。ただビジネスでは、収益が上がるようになったあとのほうがむしろ重要です。

ビジネスでは成功したのに、ビジネスとはまったく関係ないところでつまずき、ビジネスの世界から去っていった人を私は何人も見ています。

そのため、サイト運営のノウハウだけでなく、永久に稼ぎ続けるために必要な思考も同時に身につけなければいけません。

まず、金持ちに対する幻想を抱いている人が多いです。特にネットビジネスをこれから始める人には勘違いをしている人が多いため、認識を改めなければいけません。

それは、「本当の金持ちは贅沢しない」ということです。ネットビジネス系では怪しい人が非常に多く、フェラーリに乗っていたり、高級な時計を身に着けていたりと、贅沢をしています。ただ、これは幻想でしかありません。

儲かってくると、無駄遣いをするようになる人が多いです。たとえば、「もう少しグレードの高いマンションに住もう」「今夜は高級クラブで遊ぼう」などです。ただ、このようなことを考えている時点で、経営者としては微妙です。経営者というのは、ビジネスが円滑に回るためにシステムを作る立場の人間だからです。そのような立場の人が無駄遣いをしている時点で、方向性を見失っているといえます。

高級クラブで遊びまくることで、素晴らしい発想が思い浮かんで、将来の1000万円に化けるのであれば、それはそのほうがいいです。しかし、ほとんどの人はそのようなことはないはずです。自分たちがいい思いをするためにお金を使っているようでは、ビジネスマンとしては二流です。

起業家である以上は、投資感覚が最も重要です。

たとえば、あなたは30万円のセミナーを高いと思うでしょうか。普通の人の感覚からすれば、高いと思うかもしれません。ただ、そのセミナーのノウハウを活用すれば、必ず将来500万円に化けると分かっていればどうでしょうか。急に30万円のセミナーが安く思えてきます。

これが、投資感覚です。値段というのは、本来は高いも安いもありません。結局のところ、「何と比べるのか」によって値段の価値が決まります。

そのため、たとえ3000円のセミナーであっても、得られるものがまったくなければ「高額なセミナーだった」と感じます。一方、30万円のセミナーであっても、それが500万円に化ける内容なら、安いと感じるのです。実際にこのような高額セミナーに出席してみれば分かりますが、得られるものはかなり多いです。

このように、「このサービスに30万円を使えば、将来500万円になって返ってくるだろう」などという予測をつけて投資できなければいけません。贅沢（＝浪費）にお金を使ってはいけないのです。

では、どれだけ稼いでも、まったく贅沢をしてはいけないのでしょうか。もちろん、そのようなことはありません。一般常識の範囲内であれば、ビジネスで稼いだお金を活用してかまいません。しかし、普通の感覚をもっていれば、「どれだけ稼いでも生活はあまり変わらない」というほうが正しいのではないでしょうか。

おそらく普通のサラリーマン生活をしている人にとって、毎月100万円や200万円が自動的に口座に振り込まれるとなると、別世界を見られるのではと思うはずです。しかし、実際には何も変わりません。

まだそこまで実績がなかった頃の私もそうでした。収益が上がるようになれば、高級なものを身に着けて世界中を旅しながら遊んで暮らせると思ったものです。しかし実際はどうかというと、私は今でも車をもっていませんし、時計すらありません。贅沢とはほぼ無縁の生活を送っています。

変わったとすれば、「3000円飲み放題」が「5000円飲み放題」にグレードアップしたくらいです。それでも、たかだか2000円の上乗せ程度です。

他には、高速バスを利用しなくなりました。学生の頃の私は、遠くへ行くときは夜行バスを活用していました。しかし、夜行バスは次の日に体が痛くなりますし、あまり眠れず体調が悪くなるという問題点があります。そのため、現在では遠方への移動にバスを使うことはありません。新幹線や飛行機での移動になります。

収益が上がるようになって変わったことはこれくらいで、生活の中で劇的に変わったことはありません。

私の周囲で稼いでいる社長たちを見ても、成功している人ほど普通の生活をしています。フェラーリを購入したり、高級な時計をもっていたりする人はいません。

よく、「宝くじに当たったあとに破産した」という話を聞きます。彼らは、お金の使い方が分かっていなかったのです。本当のお金持ちというのは、贅沢にお金を使いません。将来、よりお金を生み出すであろう部分に「投資」するのです。

どれだけビジネスで大きな収益を出せるようになったとしても、一般的な感覚をもつことが重要です。贅沢といっても、常識の範囲内で行う必要があります。これをできる人だけが、経営者として何十年先もビジネスを動かしていくことができるのです。

私の話は非常に現実的であり、夢がなく、申し訳ないですが、実際のところこれが真実です。ビジネスをして稼ぎ続けたいのであれば、この考えを頭に染み込ませなければいけません。そうしないと、もしサイト運営がうまくいっても、それ以上に支出が多くなり、ビジネスが傾いたときに生活水準を元の状態に戻せなくなって破産するだけです。

なお、人によって投資判断は異なります。たとえば、トップ営業マンが高級なスーツや時計にこだわるのはかまいません。見た目がピシッとしていないといい商談はできません。また、高級時計をもっていれば、世の中の社長と会話がはずみます。トップ営業マンにとって、高いスーツや時計は投資の一つなのです。このように、人によって投資基準は異なります。

ただ、サイト運営では贅沢品は必要ないため、基本的には収益が上がるようになっても、普通の人より「少しだけ」いい生活ができる程度だと考えてください。

7 お金儲けは悪いことなのか？

ここまでビジネスのことについて解説してきましたが、これだけ解説しても、日本では「お金儲けは悪いことだ」と考える人が少なくありません。

現代社会に生きるうえで、お金は必ず必要になります。日々の生活費を稼ぐ他、「大切な人に楽をさせてあげるため」「子どもにいい教育を受けさせるため」「自分を幸せにするため」など、さまざまな場面で必ずお金が絡んできます。

それなのに、日本の学校教育では「お金の教育」はほとんど行われていません。学校教育の中に長くいると、会社員として真面目にコツコツと稼ぐことが正しく、起業家や経営者のように大きなお金を稼ぎ出す人たちのことを「成金的、欲が強い」などと勘違いする人がいます。

そこで、ビジネスの観点から、お金儲けに対する考え方を根本的に変える必要があります。お金に対するメンタルブロックがあると、永久に稼ぎ続けることはできないからです。

ここに、A店とB店という二つのケーキ屋が並んでいるとします。

A店はおいしいケーキ屋で、B店はまずいケーキ屋です。その他の条件は全て同じです。当然、A店のケーキ屋は繁盛し、より多くのお金を稼ぎ出すことができます。

このとき、ビジネスで成功した起業家のことを「成金的、欲が強い」と考えている人は、「A店のケーキ屋の店主はあんなにお金を儲けて、高級車や豪邸が欲しいのか！」と言っているのと同じです。こうした考え方は非常に危険です。なぜなら、その人がビジネスを行っている理由が「高級車や豪邸などの贅沢品しか興味がない」と宣言しているようなものだからです。

実際には、A店のケーキ屋の店主は、よりおいしいケーキを顧客に提供するため、工夫や試行錯誤を繰り返してスキルを磨き、設備投資をしています。それらの全ては、お金がなければ実現できないことです。より多くの人においしいケーキを届けるため、2号店をオープンするなら、さらにお金がかかります。

つまり、「おいしいケーキを届けることによってお客様に満足してもらう」という社会貢献を実現するためには、必然的に稼がなければいけません。

また、事業を拡大していくには当然ながら努力が必要となります。そうまでして努力できるのは、お金がモチベーションになっているのではなく、顧客から感謝されることが店主の支えになっているからだと考えるのが自然でしょう。

お客様に対して価値を提供したうえで、正当な対価としてお金を受け取り、そのお金を使ってより多くの人を喜ばせようとビジネスを行うのです。こうしたビジネスは、社会を豊かにする活動であり、それを欲が強いと否定する人たちのほうが、心が汚れているといえます。

お金を増やすことによってしか実現できない、自己成長や社会貢献のほうが圧倒的に多いといえます。

8 ビジネスで社会貢献を考える

最後に、社会貢献の本質について、さらに深く考えていきたいと思います。

日本で最も盛んなスポーツといえば、誰もが野球と答えます。一流のプロ野球選手には何億円もの年俸があります。普通のサラリーマンが一生に稼ぐお金が3億円程度であることを考えると、トップ選手は比較にならない額を稼いでいることが分かります。

ただ、それよりも大きなお金が動くのがメジャーリーグです。メジャーリーグの選手は、日本と比べて桁が一つ違うくらい莫大な年俸があります。

金額だけを比べると、日本のプロ野球はメジャーリーグに完敗といえます。日本の優秀選手もメジャーリーグを目指して旅立ちます。それだけではなく、「日本のプロ野球はメジャーリーグを超えられない金額以外の理由がある」という人もいます。

ところで、アメリカのメジャーリーグにおいて、最も栄誉のある賞をご存知でしょうか？　それはMVPでもなければ、その年に最も活躍した投手に贈られるサイ・ヤング賞でもありません。その賞とは、ロベルト・クレメンテ賞です。ロベルト・クレメンテ賞を理解するためには、ロベルト・クレメンテという人物を知る必要があります。

クレメンテは、1934年にプエルトリコで7人兄弟の末っ子として生まれました。家庭は非常に貧しく、見よう見まねで野球を始めたといいます。

彼は最初、ドジャースに入団します。ただ、ここでは活躍の場を得られず、ピッツバーグ・パイレーツに移籍します。そののち、1960年には打率3割1分4厘をマークし、チームのリーグ優勝やワールドチャンピオンに大きく貢献しました。

首位打者は計4回、MVPに1回選ばれるほどの活躍をし、1972年には通算3000本安打を達成しました。

彼の優れているところは、慈善活動を精力的に行っていたことです。自身がプエルトリコ出身であることもあり、シーズンオフにはラテンアメリカ諸国に野球の道具や食料を送るなどの支援を行っていました。

そのような中、中央アメリカにあるニカラグアで大地震が起こります。これを聞いたクレメンテは素早く行動を起こし、救援物資を提供するためにチャーター機を手配し、その中に自分も乗り込みました。ところが、その途中に飛行機が墜落し、3001本目の安打を打つことなく帰らぬ人となりました。1972年12月31日のことです。

クレメンテの死後、「引退後5年経たなければ認められない」という殿堂入りのルールに対し特別措置が設けられて、1973年に殿堂入りを果たしました。そして、慈善活動を行ったメジャーリーガーに対して贈られる賞の名前は、それまでの「コミッショナー賞」から「ロベルト・クレメンテ賞」に改称されたのです。

日本の小学生の男の子に将来の夢を聞くと、「野球選手」と答える人は多いです。ただ、そのときの理由を聞くと「かっこいいから」「○億円プレイヤーとして活躍したいから」などの返答があります。もちろん、これ自体は素晴らしいことです。

ただ、ロベルト・クレメンテ賞を受賞したあるメジャーリーガーはこう言いました。「小さい頃から、自分はロベルト・クレメンテ賞を受賞することだけを目標に頑張ってきた」と。

ここに日米の野球の根本的な違いがあり、「日本のプロ野球はメジャーリーグを超えられない金額以外の理由がある」のかもしれません。ロベルト・クレメンテ賞という存在により、メジャーリーガーは社会貢献の本当の意味が分かっているのです。

本当に社会貢献しようと思えば、お金が必要です。クレメンテが救援物資を用意するにしても、チャーター機の手配を行うにしても、お金がなければできません。これら自ら稼いだお金を社会に還元することが真の社会貢献なのです。

まったくお金を生み出さないボランティアは、社会貢献ではなくて自己満足にすぎません。そういう意味では、「お金を稼ぐ意味」をアメリカで育ったメジャーリーガーたちは知っているといえます。

日本では、「お金を稼ぐことは悪いこと」と考えている人が大多数です。もちろん、稼いだお金を全て自分のためだけに使おうと考えている人は論外ですが、そのお金を「社会に役立つ仕組み」に投資すれば素晴らしい社会貢献になります。

「なぜ野球で成功したいのか」と聞いたとき、メジャーリーグでは「社会貢献をしたいため」という高い理念を言える人が比較的多いです。ロベルト・クレメンテ賞が存在するからです。それに比べて、日本はどうでしょうか。

同じことはビジネスでもいえます。起業して新規事業をするにしても、会社員として働くにしても、同じように全員がビジネスを動かしています。そのため、本来は全員が「なぜあなたはビジネスをしているのか？」という問いに答えられなければいけません。言い換えれば、「どのような理念をもって働いているのか」ということです。

サラリーマンの場合、会社の理念が言えない人は本気で仕事をしていないといえます。もちろん、「お客様のために」「顧客満足度を高める」のような薄っぺらな言葉を覚えているという意味ではなく、創業者が考えた「理念の奥底に眠る本当の意味」を知っているのかという意味です。多くの会社で「役員でさえ理念を答えることができない」のも問題です。ビジネスを行う以上、理念が重要です。

働くことでお金を得ることの意味を明確に答えられなければ、ビジネスを行う意味がありません。これは、「なぜ野球で成功したいのか」という問いにも通じる普遍的な法則であるといえます。

あなたはサイト運営によって何を得たいでしょうか。また、何を実現したいでしょうか。

これについては、人によって答えがバラバラです。

私の友人には、アパレルの社長がいます。彼もネットビジネスをしていますが、そうしたサイト運営で稼いだお金をもとにアパレルでビジネスをしています。アパレル業界は流行が激しく、大量の在庫も必要なので、アパレル一本だけで食べていくのは非常にむずかしいといいます。ただ、サイト運営の自動収益があるので、今は何も気にすることなく自分が本当に好きなアパレルに集中できるといいます。

また、私のクライアントには、「自分の子どもが生まれたので、この子に何も不自由なく活動させてあげたい」という一心でサイト運営している女性がいます。

なお、人に貢献したいという気持ちであれば、多少は不純な動機でも問題ありません。たとえば、「妻とは別に愛する人（愛人）がいるため、家族だけでなくその人まで含めて幸せにしたい」という人がいます。

他にも、私の知り合いには世界各国の風俗店の情報発信をしている男性がいるのですが、「日本とは別世界が世界に広がっている。日本の常識は世界で非常識であり、世の中の男性にもっと世界に存在する風俗を知ってもらいたい」と活動しています。

サイト運営が軌道にのれば儲かって仕方なくなります。ただ、1年間は成果が出ないことから、「なぜ自分はビジネスをするのか」という問いに答えられない人は数カ月で挫折するケースが多いです。

これを防ぐため、ビジネスをすることによる社会貢献の意義を認識し、さらには自分がサイト運営をして稼ぐ理由を明確にするようにしましょう。

あとは、本書で解説したことをそのまま実行するだけです。1年後、それまで見えなかった世界が目の前に広がるようになります。

コラム

モチベーションを維持する方法

記事さえ書けば成功者になると分かっているものの、それでも動けない人が多いのが実情です。そのためか「どのようにモチベーションを保てばいいのか」という質問をよく受けます。

ただ、モチベーションについて勘違いしている人が多いです。ほとんどの人は「やる気のスイッチ」があり、これを押すことでモチベーションが上がると考えているのです。つまり、「モチベーション ↓ 行動」という順番になっています。

しかし、人間は何もしなくてもモチベーションが上がるようなことは、よほどのことがない限り起こりません。実際には逆の考えをしなければいけません。つまり、「行動をすると、勝手にモチベーションが上がってくる」という考えです。「行動をする ↓ 勝手にモチベーションが上がる」という流れです。

何でもいいから、行動することが重要になります。決して、「1時間以上は頑張って作業を行おう」とは考えなくてもいいのです。「5分間だけ文章を書いてみよう」「ちょっとだけでいいので、パソコンをいじってみよう」と思って行動するのです。

これは、掃除などでも同じです。やる前は面倒くさいと思っていたとしても、始めてみれば汚い場所が気になって掃除をやめられないという体験をした人は多いと思います。これを、行動心理学では作業興奮と呼びます。何かの作業を始めると、だんだん脳が興奮して、高いモチベーションが維持されるのです。

そのため、モチベーションを上げる最も有効な方法は、「小さいステップとして、何か簡単な行動を起こす」ということになります。

おわりに

私が最初に作ったウェブサイトは、「薬学サイト」です。

「なぜビジネスを始めようと思ったのですか？」とよく聞かれるのですが、実は私がサイト運営を始めた当初は、ビジネスのことなど考えていませんでした。当時は大学２年の薬学生であり、単純に自分のためにサイトを作りました。

大学に通ったことのある人なら分かると思いますが、大学教授は講義が非常に下手です。何を言っているのかまったく理解できません。そのため、私は当然のように睡眠学習を繰り返していました。

ただ、学期末には必ず試験があります。困った私は、毎回頭のいい同じ学部の同級生に勉強を教えてもらい、何とか試験を突破していました。それまでまったく理解できなかった内容でも、頭のいい友人に教えてもらうと内容を理解できるようになりました。

期末試験はそれでよかったですが、将来は薬剤師国家試験があるため、数年後に必ず復習しなければいけません。私のような理解力の悪い頭では、確実に内容を忘れてしまいます。そこで、勉強して理解した内容をノートにまとめようと考えました。ただ、本当にノートにまとめただけでは単なる自己満足になるため、「自分のような理解力のない学生であっても分かるようにまとめたサイト」というコンセプトで情報発信するようにしたのです。要は、ウェブ上にノートとして残しました。

そうすると意外と人気サイトになり、大学を卒業する頃には月10万円の収益になっていました。学生の月10万円なので当時は大喜びです。ただ、月10万円では生活できないため、普通に企業に就職してサラリーマン生活を送るようになりました。しかし、それからもサイトを更新し続けていると、年収の何倍にもなったため、独立したのです。

当時も今も、ネットビジネスには怪しい手法があふれていますが、私の場合は趣味から入り、純粋に「自分と同じように困っている学生に対して、有益な情報を提供したい」という気持ちで情報発信したのがよかったのかもしれません。

現在では、他にもさまざまなサイト運営を行っています。その一つに、「毎日、感謝メールが届くポータルサイトビジネス」というコンセプトのサイトがあります。

ポータルサイトを作成するとき、自分の強みを活かした内容にするのが最も適切であることを伝えました。理由は単純であり、興味・関心のあるテーマでないと1年間も努力を継続するのがむずかしいからです。また、強みのある分野では他人よりも知識があるため、良質なウェブサイトを構築できるようになります。

私がサイトを作るとき、健康系やビジネス系以外のサイト構築はむずかしいです。また、私のサイトでライターを募集しているとはいっても、健康系やビジネス系のサイトから集まる人であるため、工事サイトや英語サイトなど完全なる異分野のサイトを構築するのは無理です。さらにいえば、これらの分野には私は興味がないのでサイトを作りたいと思いません。

しかし、私のクライアントにはさまざまな人がいて、それぞれ強みや興味・関心が異なります。少なくとも、私と分野が重なることはほぼありません。競合することがないため、当然ながら本気でアドバイスできます。

さらに彼らを成功させれば、他の分野で良質なウェブサイトが生まれます。その結果、私が動かなくても幸せになる人が増えるようになります。

こうして有益な情報を提供する人を増やし、社会貢献の度合いを増大させることが私の使命だと考えています。

なお、本書では私がポータルサイト運営で実践していることや、１５０万円以上のコンサルフィーをいただいてクライアントに教えていることを含め、出し惜しみなく全てを完全公開しました。かなりの内容を詰め込んでいるため、一度読むだけで全てを理解するのはむずかしいと思われます。

本気でサイト運営をして大きな成果を出したいのであれば、何度も繰り返し本書を読み直すことをおすすめします。「キーワード選びで悩んだとき」「実際に記事を書き始めたとき」「収益が出始めたとき」など、実際に何かしらの行動をしたあとに読み返すと新たな気づきがあるはずです。

ポータルサイトビジネスでは、むずかしく考えるよりも、「何かよく分からないけど行動してみよう」と考え、雑でもいいので動ける人のほうが圧倒的にうまくいきやすいです。行動しないと分からないことが非常に多いのです。行動して問題にぶち当たっても問題ありません。本書を読み返せば、そこに答えが書かれてあります。

まずは「自分史を作って参入ジャンルを探す」「サジェストキーワードを検索する」「記事を書いてみる」などをしてみてください。最初はよく分からなくても大丈夫です。そうして雑にビジネスを始めていけば、あるとき記事作成のコツをつかめます。あとは、読者にとって有益な情報を提供するだけです。

最後に、本書を執筆するにあたり合同フォレストの山崎絵里子さん、出版コンサルタントの藤田大輔希さんには大変お世話になりました。また、本書を最後まで読んでくださった読者の方に厚く御礼申し上げます。

２０１８年３月吉日

ポータルサイト・ビジネスプロモーター　深井良祐

●著者プロフィール

深井　良祐（ふかい・りょうすけ）
ポータルサイト・ビジネスプロモーター

大学薬学部の学生時代に、自分の勉強のために「薬学サイト」を立ち上げ、月間300万PVの人気サイトに成長させる。その後「ビジネスサイト」「健康サイト」なども構築。

「毎日、感謝メールが届くポータルサイトビジネス」を提唱し、現在はコンサルタントとしても活動。コンサルを受け、月100万円以上の収益を上げている生徒をすでに250人以上輩出している。

「ポータルサイトビジネス」の成功者として、テレビ、ラジオ、雑誌、新聞などへの出演多数。著書は10冊を超える。

企画協力　藤田大輔希
組　　版　GALLAP
装　　幀　株式会社クリエイティブ・コンセプト
図　　版　Shima.
校　　正　春澤尚洋

たった1年で人生が劇的に変わる
ポータルサイトビジネス
——誰でもできる不労所得の作り方

2018年4月10日　第1刷発行

著　者　　深井　良祐
発行者　　山中　洋二
発　行　　合同フォレスト株式会社
郵便番号 101-0051
東京都千代田区神田神保町 1-44
電話 03（3291）5200　FAX 03（3294）3509
振替 00170-4-324578
ホームページ http://www.godo-shuppan.co.jp/forest
発　売　　合同出版株式会社
郵便番号 101-0051
東京都千代田区神田神保町 1-44
電話 03（3294）3506　FAX 03（3294）3509
印刷・製本　株式会社 シナノ

■落丁・乱丁の際はお取り換えいたします。

ISBN 978-4-7726-6107-2　NDC 670　188×130